共創の強化書

学び成長し続ける自分のつくり方

名古屋産業大学現代ビジネス学部経営専門職学科 編

今永典秀／辻紳一／冨田裕平／松林康博／矢野昌彦 著

Textbook of
Co-creation

中央経済社

はじめに

　「共創」というキーワードが広く使われるように世の中が変化してきた。

　これまでは「競争」という言葉の方がどちらかというと馴染みがあったかもしれない。戦後，日本社会が高度経済成長を遂げ，毎年市場全体が成長することが前提となっていた段階では「競争」が相応しかったのだろう。しかし，日本社会は成熟し，今ある市場を取り合うのではなく，様々な社会課題に対応するためにも，先端技術を駆使し，多様な人と「共創」し，共に最適な解を見つけることが重要な時代に変化している。

　このような時代の変化，社会の変化への対応には困難を伴う。特に，巨大で強固な組織であればあるほど，独自の組織文化や風土が根付いていることだろう。組織独自のルールが制定され，場合によっては，専用のシステムが組み込まれていることもある。その結果，外部の変化にリアルタイムに対応ができず，気がつくと「井の中の蛙大海を知らず」という状況や，「茹でガエル」状態に陥っていることも多い。

　自分がいる場所は特殊であると自覚している場合は，まだ改善の余地がある。しかし，多くの場合は，自分の見ている世界が世の中の常識と考え，気がついたときには，ついていけなくなり，手遅れの状況になってしまう。

　だからといって安易に「共創」を掲げ，誰とでも一緒に何かをやれば良い，とにかくコラボレーションだ，外部の人に任せておけば安泰だろうと考えるのも極めて危険である。このようなことをしてしまうと，企業・組織も，自分自身も「競争」力が失われてしまう。

　そこで本書は「共創の強化書」として，これからの未来をイメージしながら，「共創」を実現する中で，特に外せない基礎的な事項と要素を厳選して解説した。あわせて，共創することでどのような良いことがあるのか，すでに実現さ

れている具体的な事例にも触れている。

　本書は社会人になって間もないような比較的若い読者を想定しているが，これから社会人になる学生や，就職活動前後，インターンシップ経験前後の学生にとっても有益な内容となっている。また，世の中の変化や，それにあわせた学ぶべき内容，学び方についても解説しているため，若手社会人以外にも，若い人たちのマネジメントを担う人たちや経営者の人にとっても，有益な機会になるだろう。

　筆者らは，実務家教員として社会での経験を踏まえ，日々学生に対して，実践の機会を提供している。そして，その実践がやりっぱなしならないよう，必要な知識を提供し，実践経験を振り返り，繰り返し内省することにより，「わかるからできる」ようになることを目指している。

　本書では普段から我々が取り組んでいる，学生と教員のディスカッションや対話を通じて学び合う形態をできる限り再現し，なるべくわかりやすく記述することを心掛けた。執筆する中で自分自身の経験と照らし合わせながら，読者の気づきが深まることを意識したが，不十分な点もあるかもしれない。もし，本書を手に取り，興味を持っていただき，さらに深く検討したいと思われた場合は，気軽に著者らにコンタクトいただければ幸いである。

＊　＊　＊

「対話」を通し，一緒に未来を「共創」しよう。

　「共創」は，「競争」よりも遥かに手間暇がかかる。しかし，「共創」だからこそ，「競争」ではたどり着くことができない，遥か遠くへと多くの人と一緒にたどり着くことができると我々は信じている。

　2023年1月　執筆者を代表して

今永　典秀

目　　次

第1章

生涯，学び成長し続ける社会

Point

　情報技術が進化し AI が活用されることによって，データを
中心とした新たな「共創」社会が実現することが予測される。
また，ESG，SDGs などのサステナビリティ（持続可能な社
会）が求められるように変化している。このような中で，従来
型の日本の雇用システムは変化し，自律的なキャリアが増加す
ることが予測される。「共創」時代を捉え，どのようなスキル
を身につけ，どのように働き，どのようにキャリア形成をする
か求められる環境にある。

1 共創社会

1.1 Society 5.0 の時代

　近年 AI や IoT，ブロックチェーンなどの革新的なデジタル技術が進展し，データを核に駆動する社会へと変化している（**図表 1 - 1**）。デジタルトランスフォーメーションとよばれるデジタル革新の波は止まることなく社会を次のステージへと導いている。政府が策定する科学技術基本計画では，Society 5.0 を「サイバー空間（仮想空間）とフィジカル空間（現実空間）を高度に融合させたシステムにより，経済発展と社会的課題の解決を両立する，人間中心の社会（超スマート社会）」と位置付けている。これまでの情報社会（Society 4.0）では知識や情報が共有されず，分野横断的な連携が不十分であった。人が行う能力に限界があり，あふれる情報から必要な情報を見つけて分析する作業は負担が大きく，年齢や障害などによって労働や行動範囲に制約があった。

　これからの Society 5.0 の世界は，技術の革新が進み，IoT（Internet of Things）で，人とモノがつながる。その結果，さまざまな知識や情報が共有

（**図表 1 - 1**）　IT 用語について

キーワード	説明文
IoT （モノのインターネット）	「Internet of Things」の略で，さまざまなモノ（センサー機器，駆動装置（アクチュエーター），住宅・建物，車，家電製品，電子機器など）が，インターネットを通じて相互に情報交換をする仕組み
AI （人工知能）	「Artificial Intelligence」の略で，人間のような知能をコンピューター上に再現したもの（定義はさまざま）
クラウド	インターネットなどのネットワーク上でサービスとして提供されるハードウェアやソフトウェアを用いたコンピューターの利用形態
ブロックチェーン	情報通信ネットワーク上にある端末同士を直接接続して，取引記録を暗号技術を用いて分散的に処理・記録するデータベースの一種

出所：各種資料より筆者作成

（図表1-2）　産業革命の推移

	第1次産業革命	第2次産業革命	第3次産業革命	第4次産業革命
キーワード	動力の獲得	動力の革新	自動化	自律化，相互協調
例	蒸気機関	モーター	ICとプログラム	IoT，人工知能，ビッグデータ，クラウド

出所：各種資料より筆者作成

され，今までにない新たな価値が生み出される。例えば，人工知能（AI）が，必要な情報を必要なタイミングで提供し，ロボットや自動走行車などの技術で，少子高齢化，地方の過疎化，貧富の格差などの課題を克服することが期待される。

　社会全体では，これまで実現不可能と思われていたことが，データの活用によって実現可能になると予測される。あらゆる事業や情報がデータ化され，ネットワークを通じて自由にやりとりができ，大量のビッグデータを分析し，機械が自ら学習する（AI）。結果，社会変革（イノベーション）が生じ，これまでの閉塞感を打破し，希望の持てる社会，世代を超えて互いに尊重し合あえる社会，一人一人が快適で活躍できる社会へと変化することが期待される（**図表1-2**）。

1.2　デジタルデータ活用

　あらゆる産業においてデジタル技術を活用した新規参入者が存在し，デジタルトランスフォーメーション（DX）をスピーディーに進めることが必要不可欠な状況にある。

　DXとは，IT専門調査会社のIDC Japan株式会社の定義では，「企業が外部エコシステム（顧客，市場）の破壊的な変化に対応しつつ，内部エコシステム（組織，文化，従業員）の変革を牽引しながら，第3のプラットフォーム（クラウド，モビリティ，ビッグデータ／アナリティクス，ソーシャル技術）を利用して，新しい製品やサービス，新しいビジネス・モデルを通して，ネットと

（図表1-3） IT領域で求められる人材

ユーザー企業において求められる人材	CDO（Chief Digital Officer）：システム刷新をビジネス変革につなげて経営改革を牽引できるトップ人材
	業務内容にも精通しつつ IT で何ができるかを理解し，経営改革を IT システムに落とし込んで実現できる人材
	各事業部門においてビジネス変革で求める要件を明確にできる人材
	ビジネス変革で求められる要件をもとに設計，開発できる人材
	AI の活用等ができる人材，データサイエンティスト
IT 企業において求められる人材	受託開発への過度な依存から脱却し，自社の技術を活かして，アプリケーション提供型のビジネスの成長戦略を描き，実現できる人材
	求められる要件の実現性を見極めた上で，新たな技術・手法を使った実装に落とし込める人材
	ユーザー起点でデザイン思考を活用し，UX（ユーザーエクスペリエンス）を設計し，要求としてまとめあげる人材
	スピーディーに変化する最新のデジタル技術を詳しく理解し，業務内容にも精通する IT エンジニア

出所：経済産業省（2018）

リアルの両面での顧客エクスペリエンスの変革を図ることで価値を創出し，競争上の優位性を確立すること」と定められる。

　今後，IT 関連企業のみならず，デジタル技術を活用する企業側においても DX を実行できる人材の育成と確保が最重要課題である。「情報活用能力は，デジタル時代の読み書きそろばん」とい言われ，DX 人材が重要な状況にある（**図表1-3**）。

　企業の中で活躍する人材には，デジタル技術を活用して，企業の戦略に落とし込み，ビジネス・モデル変革や，経営革新につなげる役割が重宝される。AI などを活用，駆使し，DX に向けて要件を整理し，設計・開発ができる人材の価値が高くなる。

　他方，IT 企業にとっても，デジタルデータ以外の分野で，戦略を理解し，ユーザーと共創できる人材が重要となる。単なるエンジニアとして，デジタルデータや IT の専門スキルを有するだけではなく，業界や企業の状況を理解し，

顧客目線に立ち，目標に向かって一緒に進められる人の価値が高い環境にある。

　デジタル化が進んだ社会では，「人間が実施する必要がある仕事」と，機械やAIに代替され，「なくなる可能性がある仕事」に二分される。例えば，AIを活用することで，画像認識や音声認識，言語の識別，予測制御などが実現可能となるため，単純作業や入力作業が機械に代替される可能性が高い（次頁**図表1-4**参照）。

　一方でIT技術やAIが進化しても，人間でなければ実現できない仕事は引き続き存在する。例えば，カウンセラーやコーディネーター，コンサルタントやアドバイザーなどはなくならない可能性が高いといわれる。定型の単純作業の業務はAIなどで容易に実現が可能だが，複雑な内容はAIには不向きである。また，さまざまな領域を横断して考えをまとめる調査研究や，さまざまな人たちをコーディネートする役割，企画を生み出す仕事は，人間でなければ難しいと考えられている。さらに対人関係，コミュニケーションの領域に関しては，人間が実施するのに適した業務である。

　さまざまな分野を横断し，人が意思を持ち，コミュニケーションを実施しながら多様な人たちと「共創」する領域の仕事は，今後も必要である。

1.3　サステナビリティ（DXからSXへ）

　DXと並ぶキーワードとしてサステナビリティ・トランスフォーメーション（SX）があげられる。サステナビリティとは持続可能性を意味する。

　2019年，経済産業省で「サステナブルな企業価値創造に向けた対話の実質化検討会」が立ち上げられた。新型コロナウイルスの感染拡大や気候変動の影響等，企業経営を取り巻く環境の不確実性が一段と増す中で，企業のサステナビリティを高めるために長期の時間軸を前提に対話を繰り返すことで，「企業のサステナビリティ」（企業の稼ぐ力の持続性）と「社会のサステナビリティ」（将来的な社会の姿や持続可能性）を同期化させる経営や対話，エンゲージメントを行うことが重要である。

　このような経営の在り方や対話の在り方を「サステナビリティ・トランス

（図表1-4） 代替可能性が高い100種の職業（50音順）

1	IC 生産オペレーター	34	建設作業員	67	積卸作業員
2	一般事務員	35	ゴム製品成形工	68	データ入力係
3	鋳物工	36	梱包工	69	電気通信技術者
4	医療事務員	37	サッシ工	70	電算写植オペレーター
5	受付係	38	産業廃棄物収集・運搬作業員	71	IT 保守員
6	AV 機器組立修理	39	紙器製造工	72	電子部品製造工
7	駅務員	40	自動車組立工	73	電車運転士
8	NC 研削盤工	41	自動車塗装工	74	道路パトロール隊員
9	NC 旋盤工	42	出荷・発送係員	75	日用品修理ショップ店員
10	会計監査係員	43	じんかい収集作業員	76	バイク便配達員
11	加工紙製造工	44	人事係事務員	77	発電員
12	貸付係事務員	45	新聞配達員	78	非破壊検査員
13	学校事務員	46	診療情報管理士	79	ビル施設管理技術者
14	カメラ組立工	47	水産製品製造工	80	ビル清掃員
15	機械木工	48	スーパー店員	81	物品購買事務員
16	寮・マンション管理	49	生産現場事務員	82	プラスチック製品成形工
17	CAD システムオペレーター	50	製パン工	83	プロセス製版オペレーター
18	給食調理人	51	製粉工	84	ボイラーオペレーター
19	教育・研修事務員	52	製本作業員	85	貿易事務員
20	行政事務員（国）	53	清涼飲料セールス	86	包装作業員
21	行政事務員（県など）	54	石油精製オペレーター	87	保管・管理係員
22	銀行窓口係	55	セメントオペレーター	88	保険事務員
23	金属加工・検査工	56	繊維製品検査工	89	ホテル客室係
24	金属研磨工	57	倉庫作業員	90	マシニングセンターオペレーター
25	金属材料製造検査工	58	惣菜製造工	91	ミシン縫製工
26	金属熱処理工	59	測量士	92	めっき工
27	金属プレス工	60	宝くじ販売人	93	めん類製造工
28	クリーニング取次店員	61	タクシー運転者	94	郵便外務員
29	計器組立工	62	宅配便配達員	95	郵便事務員
30	警備員	63	鍛造工	96	有料道路料金収受員
31	経理事務員	64	駐車場管理人	97	レジ係
32	検収・検品係員	65	通関士	98	列車清掃員
33	検針員	66	通信販売受付事務	99	レンタカー営業所員
				100	路線バス運転手

出所：野村総合研究所（2015）

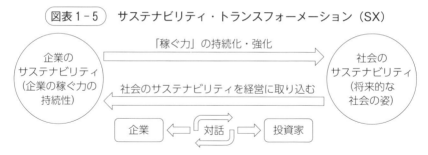

図表1-5　サステナビリティ・トランスフォーメーション（SX）

出所：経済産業省（2020a）より一部筆者修正

フォーメーション（SX）」とよぶ（**図表1-5**）。

　世界的な潮流としては，ESGやSDGsへの関心が高くなっている。ESGとは，環境（Environment），社会（Social），ガバナンス（Governance）の頭文字である。気候変動問題や人権問題などの世界的な社会課題が顕在化する中，長期的成長を目指す上で重視すべきESGの観点での配慮ができないと判断されると，投資家などから企業価値毀損のリスクが高まる。投資に対する短期的なリターンではなく，企業の持続可能性も踏まえ，ESGに配慮した経営を実施する企業への投資が推奨される。つまり，ESG投資では，環境や社会に対してよい経営を実施する企業への投資が促進されることになる。

　日本の企業のESGの取り組みの一例としては，環境領域では，再生可能エネルギーの活用やペーパーレス化への対応など，環境負荷を低減させ，地球環境にやさしい経営があげられる。社会に関連した内容として，テレワークやリモートワークの推進，女性活躍推進の取り組み，災害時などに備えた対応などがあげられる。ガバナンスに関連した内容として，内部統制の構築や強化，第三者視点での監視体制の構築，コーポレートガバナンスの浸透などがあげられる。

　また，SDGsは，「Sustainable Development Goals」の略称で，日本語に直訳すると「持続可能な開発目標」を意味する。SDGsは，2015年に開催された国連サミットにおいて採択され，「誰一人取り残さない」持続可能で多様性と包摂性のある社会の実現を目指すものである。2030年までに達成すべき17の目

図表1-6 SDGs

（2030年までに達成すべき17の目標）
1 貧困をなくそう
2 飢餓をゼロに
3 すべての人に健康と福祉を
4 質の高い教育をみんなに
5 ジェンダー平等を実現しよう
6 安全な水とトイレを世界中に
7 エネルギーをみんなに　そしてクリーンに
8 働きがいも経済成長も
9 産業と技術革新の基盤を作ろう
10 人や国の不平等をなくそう
11 住み続けられるまちづくりを
12 つくる責任　つかう責任
13 気候変動に具体的な対策を
14 海の豊かさを守ろう
15 陸の豊かさも守ろう
16 平和と公正をすべての人に
17 パートナーシップで目標を達成しよう

出所：経済産業省（2019）より筆者作成

標と169のターゲット（具体目標）で構成される（**図表1-6**）。

1.4　ウェルビーイングと健康経営

　日本では今後人口減少が進み，少子高齢社会の到来が予測される。技術革新が進む中で，働き方や余暇の過ごし方などのライフスタイルが多様化する環境にある。一人一人が豊かで健康的な職業人生を送る観点で，ウェルビーイングの向上が重要課題の1つとしてあげられる。ウェルビーイングとは「個人の権利や自己実現が保障され，身体的，精神的，社会的に良好な状態にあることを意味する概念」である。

　働き方を労働者が主体的に選択し，円滑な移動や転換，マルチキャリアパスを可能とするための環境整備の推進や，企業による個人の希望・特性等に応じた雇用管理の推進，多様な働き方の実現等が，生産性の向上につながる。ウェルビーイングと相互補完的な関係にある概念として「多様な人々が活躍できる社会の推進（ダイバーシティ）」があげられる。働く意欲はありつつも，さまざまな事情により働けない人々について，こうした事情を1つ1つ取りのぞくことにより，働くことを通じた活動の機会を提供し，単に収入を得る手段とし

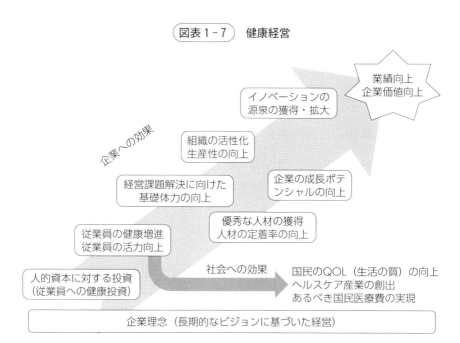

（図表 1 - 7）　健康経営

業績向上
企業価値向上

イノベーションの
源泉の獲得・拡大

企業への効果

組織の活性化
生産性の向上

経営課題解決に向けた
基礎体力の向上

企業の成長ポテ
ンシャルの向上

優秀な人材の獲得
人材の定着率の向上

従業員の健康増進
従業員の活力向上

人的資本に対する投資
（従業員への健康投資）

社会への効果

国民のQOL（生活の質）の向上
ヘルスケア産業の創出
あるべき国民医療費の実現

企業理念（長期的なビジョンに基づいた経営）

出所：経済産業省（2022）

てではなく，社会参加の手段の１つとして，人々の生活を豊かにすることを目指す取り組みである。

　企業にとっては「健康経営」の促進も少子高齢社会の中では重要なテーマである。「健康経営」とは，従業員等の健康管理を経営的な視点で考え，戦略的に実践することである（**図表 1 - 7**）。企業理念に基づき，従業員等への健康投資を行うことは，従業員の活力向上や生産性の向上等の組織の活性化をもたらし，結果的に業績向上や株価向上につながることが期待される。

　「健康とは，病気でないとか，弱っていないということではなく，肉体的にも，精神的にも，そして社会的にも，すべてが満たされた状態にあること（日本WHO協会訳）」と定義されている。健康経営の促進は，従業員の肉体的な健康状態を維持・向上させることにとどまらず，企業経営で効果があることが検証されつつある。健康診断や運動の補助などの肉体的な健康の促進のみなら

ず，メンタルヘルスの向上のために働く環境の整備などの精神的な健康の促進
への取り組みも重要である。また，心身の健康に加えて，社会的健康として，
何らかの役割があり，他人に必要とされ，社会に居場所がある状態も重要であ
る。企業においては，周囲との関係性が良好に構築されて，働きがいがある状
態である。

　このように，企業が経営理念に基づいて従業員の健康保持や増進に取り組む
ことが，経営課題解決に向けて必要となる優秀な人材の獲得や人材の定着率の
向上になり，組織の活性化や生産性の向上にもつながり，企業の成長ポテン
シャルの増加やイノベーションの源泉となる優秀な人材の獲得にもつながる。

2　これからのキャリアの歩み方

2.1　日本の就業構造と採用の変化

　技術革新によるDXやSXの推進の影響は，日本国内の産業構造の変化にも
影響を及ぼす。AIやロボットによって，代替される可能性が考えられる職業
がある一方で，新たなビジネスのトレンドを作り出す可能性もあり，AIやロ
ボットと共存して働く仕事も生じると考えられる。日本国内の市場はAIに
よって代替・効率化が進み，多くの仕事が低賃金化し，仕事そのものが消滅し
てしまうことが予測される。さらに，海外とのシビアな競争にも晒され，デー
タサイエンティストや研究開発の分野で国内から人材や技術が流出する可能性
もある。

　そこで，目指すべき姿としては，国内に新たなビジネスのトレンドを生み出
す仕事を集積させ，AIやロボットと共存する仕事を生み出し，新たな雇用
ニーズに対応することが求められる（**図表1-8**）。

　このような産業構造の変化は，日本の雇用環境にも大きな影響・変化を与え
ると予測される。これまでは，日本企業の特徴として，終身雇用を前提とし，
新卒で総合職として一括採用を実施し，メンバーシップ型の雇用とよばれる企

(図表1-8)　就業構造変革の姿

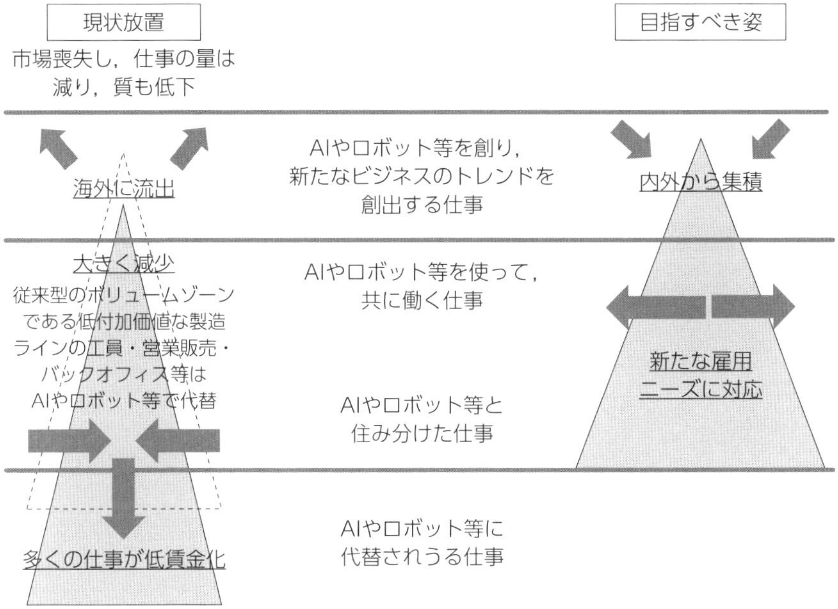

出所：経済産業省（2017）

業内でのジョブローテーションやOJTを中心とした社内での人材育成が中心
であった。

　一方，新たな時代では，社会の変化も早く，デジタルデータを中心とした特
定のスキルを有した人材の価値が高まる。新卒や中途の垣根が少なくなり，
ジョブ型に近い雇用形態になっていくことが予測される。

　この変化は，新卒と中途入社の垣根を下げ，個人が主体的・自律的なキャリ
アを形成することを促す。また，企業内での職務を通じた人材育成ではなく，
自ら外部で学び，転職や兼業などが今よりも盛んになり，メンバー同士の出入
りがよりオープンな状況になることが予測される（次頁**図表1-9**）。

　また，近年は，兼業・副業などが日本でも原則禁止から解禁へと，モデルの
就業規則が変更になるなどの動きがある。企業内外での人材の流動性が高まり，

図表1−9 これからの日本の雇用のあり方

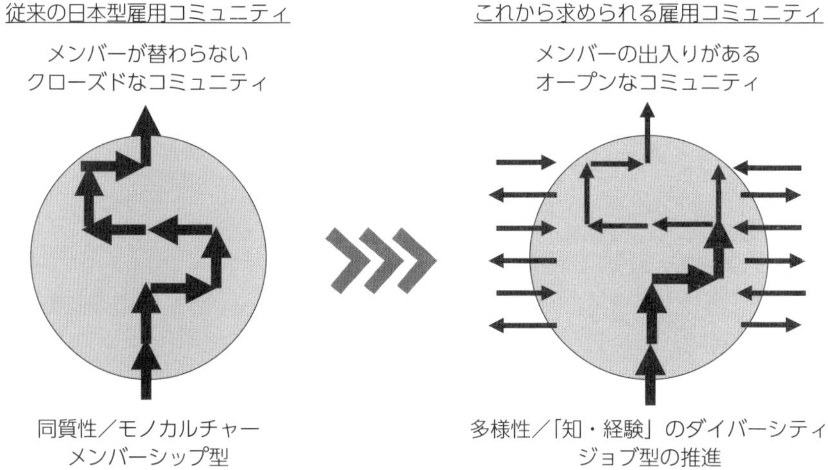

従来の日本型雇用コミュニティ

メンバーが替わらない
クローズドなコミュニティ

これから求められる雇用コミュニティ

メンバーの出入りがある
オープンなコミュニティ

同質性／モノカルチャー
メンバーシップ型

多様性／「知・経験」のダイバーシティ
ジョブ型の推進

出所：経済産業省（2020b）

企業にとっても，内外のさまざまな人たちとの「共創」が求められる環境に変化している。

2.2　共創時代に必要な能力

　社会で活躍するために身につける力の1つの例としては，経済産業省が2006年に提唱した「社会人基礎力」が存在する（**図表1-10**）。社会人基礎力は，大きく「前に踏み出す力」「チームで働く力」「考え抜く力」の3つの能力から成り立ち，さらにこの3つの能力は12の能力要素から構成される。12の能力要素とは「主体性」「働きかけ力」「実行力」「発信力」「傾聴力」「柔軟性」「情況把握力」「規律性」「ストレスコントロール力」「課題発見力」「計画力」「想像力」である。

　第4次産業革命の中，人生100年時代を迎え，これらの力は，普遍的に必要であると確認した上で，能力を発揮するために，自己認識をして内省（リフレクション）をし，目的と学びと統合の3つの視点のバランスを図ることが，将

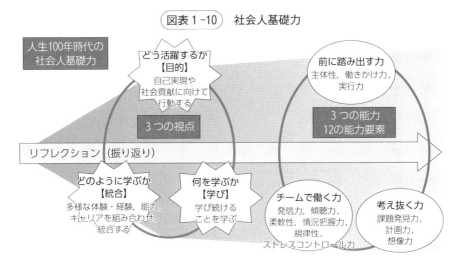

図表 1-10　社会人基礎力

出所：経済産業省・中小企業庁（2018）

来にわたって，自律的なキャリアを形成する上で重要である。

　つまり，自己実現や社会貢献にむけて，どう活躍したいか目的を設定することと，変わりゆく環境の中で学び続けることの重要性が提示された。さらに，さまざまな環境での実践が求められ，多様な経験や能力を発揮することになるが，それらを統合させることの重要性が提唱されている。

　また，デジタル時代に必要なスキルとして，経済産業省のデジタル人材育成推進会議では，以下の5つが重要であると述べている。すなわち，「課題設定力，目的設定力」，「データ活用やITにかかる能力・スキル」「コミュニケーション能力」，「分野を超えて専門知や技能を組み合わせる実践力」，「リーダーになる資質」である。

　データの分析や活用，プログラミングなどを含めたITリテラシーを有することが基礎能力として必要になり，その上で，課題や目標を設定し，他者とのコミュニケーション・対話を通して協働することが求められる。また，さまざまな領域・企業や組織を超えて協働・共創することが求められ，いろいろな知識や技能を組み合わせる力や，リーダーシップ力が求められる。

　人生100年時代の社会人基礎力が提唱されたように，今までは，「教育」と「仕事」と「引退」と，人生のステージが明確に区分されていた。一方で，人生100年時代においては，教育と仕事と引退の期間の境界線があいまいになり，相互に行ったり来たりを繰り返すように変化する。例えば，教育の期間でもインターンシップなどを通じて実践的に学ぶことがある。仕事に就いた場合でも，兼業や副業，フリーランスとして組織にとらわれずにさまざまな働き方を行う。NPO の活動やボランティアなどを並行して行うこともできる。また，仕事の途中で学びなおすことなども可能である。

　このように，1つの組織で固定化されるのではなく，さまざまな越境経験をし，人脈や経験を重ねながら，スキルアップも並行して実施し，やりがいや生きがいも高めることが必要となる。

2.3　自律的なキャリア

　社会の環境が変化し，技術革新が起こり，その進化スピードが速いことから，新たな技術を学び続ける必要がある。このような中では，リカレント教育などの人生100年時代の学び方が必要である。旧来のような終身雇用で守られ，大学卒業後に1つの企業に就職すること，就社がゴールとなる時代から変化しつつある。偏差値が高い良い大学に入学することが，メンバーシップ型のポテンシャル採用の総合職の新卒一括採用には優位に働いたが，状況に変化が生じ始めている。

　1つの会社で企業の状況に応じたジョブローテーションでの成長を待つのではなく，自分自身で自分のキャリアを形成することが標準となるように変化する。その変化に対応するためには，大学時点で自らどんなことが学びたいかを考えて選択し，インターンシップなどの就業体験を通じて将来働く際に必要な技能技術を身につけることが必要となる。つまり，自律的・主体的なキャリア形成が求められる環境にあり，「環境の変化に応じて自分自身も変化させていく，柔軟なキャリア形成」プロティアンキャリアが注目される。

　また，リスキリングという概念も注目される。リスキリングは，デジタル技

術の進展に伴って新しく生まれた今後の業務遂行に必要な能力・技術・知識を学びなおすことである。業務に対応するスキルを身につけるために，人材の再教育や再開発を行うことである。

DX の推進のためには，企業でシステムを導入するだけでは機能せず，責任者のみならず担当者がシステムを使いこなして運用することが求められる。そのためには，今まで存在しなかった手法や領域の技術を習得して，事業の成長に向けた取り組みや，業務の効率化を図ることが必要となる。

また，デジタルデータ技術の活用においては，ユーザーエクスペリエンス（UX）が格段に向上しており，昔と比べてシンプルで使いやすい状況に変化している。 改革に向けてはレガシー型（旧来型）のシステムや，使いこなす人材，IT スキルの不足が課題として挙げられている。

3 共創の必要性

これまでに記載された内容はほんの一部ではあるが，社会は変化を続け，企業も変化し，働き方も変化する。求められる能力が変わり，身につけるべきスキルも変化する。

一方で，これから先，数年間・数十年間にわたって社会という環境の中で，働き活躍し続ける必要がある状況には変化がない。むしろ，平均寿命が伸び，特定の企業での終身雇用が終わりを告げつつある中では，より長い時間，働くことが必要になることが予測される。

このような中で，今までもこれからも変わらない大切なものと，これから求められる必要なもの，そして，これからは機械などに代替され求められないものを見極め，取捨選択するとともに，必要なものを身につけていくことが必要となる。

本書は，「共創の強化書」ということで，これからの時代に必要だと考えられる基礎的な能力を中心に，具体的な事例を踏まえて，その重要性と強化の方法が伝わるような形式で記載した。

　特に第2章から第6章では，これからも変わらない重要な要素を明示している。具体的には，第2章では，報告連絡相談やコミュニケーション，企画立案などの要素を提示した。さらに，「共創」の時代の中では，機械やITが重要な役割を果たし，そのアプリケーションなどを使いこなすことで，ビジネスマンとしての働き方も大きく変化する。第3章では機械に使われるのではなく，人間だからこそ求められる重要な要素の1つとしてネットワークの重要性を説明する。

　第4章では経営の基本的なフレームワークとその活用方法と限界について取り上げている。便利なツールが浸透するにつれて自然とわかった気になってしまうことを避け，特徴を理解した上で，ツールを使いこなし，解釈して，目的に向かって最短時間で効率的に効果を上げることが重要であることを示している。

　また，「数字は嘘をつかない」という言葉もあるが，経営・ビジネスの世界においては，定量的な分析を使いこなすことが重要である。第5章では財務会計・管理会計などの原理原則を押さえた上で，定量的な意思決定ができるようになることの重要性について述べる。

　そして，これらの技能・技術や知識を「わかる」から「できる」に進化させるためには，「実践」経験を数多く得ることが重要である。また，実践経験の効果を極限化するためには，やりっぱなしではなく，振り返り，内省・リフレクションを実施し，身につけることが重要である。第6章で実践とリフレクションについて説明する。

　このような，これからの「共創」時代にも必要な基礎となる要素を紹介した上で，第7章で「共創」事例について取り上げる。新しい働き方として，所属や組織を超えた働き方や，共創を実現するためのクラウドファンディングの活用事例や，兼業・副業・フリーランスの紹介や，それらの活動を通した越境学習の効果などについても紹介する。

　未来に向けて，どのような働き方をすることが，個人にとって有益であるかは，個人個人にとって異なることから，自分自身で未来のキャリアを創りあげ

ていく必要がある。一方で，機械で代替されるようなスキルも存在するが，その中でも，企業では付加価値を生み出す人材，つまり事業創造や組織変革の担い手は重宝され続けるであろう。さらに，少子高齢化社会の中で，地域課題や社会課題は，より深刻な状況になり続けることが予測される。また，都会と比較した地域，大企業と比較した地場の中小企業にとっては，経営資源が限られ後継者不足の問題も深刻化し続ける。そのような中で，地域中小企業の後継者やミギウデとして活躍する人材が求められるようになる。ミギウデとは「新卒で地域中小企業の経営者の右腕として経営革新に取り組むことをやりがいとして働く人材」を意味する。将来の地域課題解決や社会課題解決の担い手として求められ続けることであろう。

　多くの人に，そのような社会の変化を感じ取ってもらいながら，本書が，これからの社会変化を見据え，短期的・中期的・長期的なさまざまな視点で，未来のキャリア形成に向けた取り組みを始めるきっかけを提供できれば嬉しく思う。

第2章

仕事のアウトプットを
出すために必要な力

Point

　仕事の成果を出すためには，目的や目標を定め，優先順位を決めて，計画的に段取りを行って進めることが必要である。

　仕事を進める上では，状況に応じた適切な報告・連絡・相談などのコミュニケーションや，相手のニーズを踏まえた対応などが必要となる。

　そのためにも論理的思考力を高めることや，実践を通じて成長を遂げることが重要となる。

1　仕事の成果を出すために必要なこと

　この章では，仕事の成果を出すために必要な基礎的な力について，若手社会人が陥りがちな事例を交えて説明する。ビジネスマンは，限られた時間の中で，他者と対話やコミュニケーションをとり，信頼関係を構築して，成果を出し続けることが求められる。その中では，目的や目標を明確にし，優先順位を定めて，効果的・効率的に行動することが必要である。より効果を極大化するためには，他者とのコミュニケーションとして，対話，文章，プレゼンテーション，企画書，報告書などさまざまな形態を活用することが必要である。成果を最大化するためには，基礎となる文章作成能力や論理的思考力なども鍛えることが必要であり，学び続け成長し続けることが重要である。

1.1　目的・目標の明確化

　仕事を行う上では，必ず組織の目標と個人の役割が存在する。一人で勝手に好きなことを好きなようにやるのではない（**図表2-1**）。組織が一定の期間で実現すること，もう少し大きな視点では，企業が実現する目標に対して，組織ごとに一定期間内に取り組むべき領域が定められていることが多い。部長や課長などの管理職のもとで，担当者が役割を与えられ，業務を遂行することになる。

　組織には，達成する目標が存在し，目標を達成するために，年間計画，月間計画などが存在する。その目標に向かってそれぞれに役割が与えられる。人事評価による達成度や職域を担うための能力目標が提示されることもある。

　組織においては，指揮命令系統が明確化され，必要な情報が伝達され，会社が目指す方向に向かって，効率的に機能することが大切である。そのために，会議体が設置され，各自が動くインセンティブとしての人事制度，評価制度が構築されている。

　会社の中には，複数の部門があり，さまざまな役割が存在する。それらの部

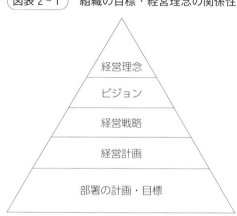

図表 2 - 1　組織の目標・経営理念の関係性

経営理念
ビジョン
経営戦略
経営計画
部署の計画・目標

出所：筆者作成

署の活動の集合体として，企業活動が推進される。組織体制は，効率的かつ効果的に人材を活用することができるように定められている。

　組織で働いてみると，学生時代と社会人との違い，ギャップを感じる部分が多数あると考えられる。社会人として，企業や組織で働くことによる違いとして代表的な点を例示する。

　1 点目は，労働の対価としての報酬の存在である。会社に所属し，労働契約に基づき，定められた職務が与えられて，その中で労働することになる。対価として一定の報酬が与えられるという関係にある。

　2 点目は，限られた時間内で成果が求められ，成果に対して評価があり，その結果，昇進や給与などに反映する点があげられる。

　3 点目は，自律的なキャリア形成や成長を，自分自身で考えて，主体的に取り組んでいく必要がより求められる点にある。

　特に，昨今では，終身雇用によって生涯同じ会社に働くことから，転職や独立・起業，フリーランス，兼業・副業することなどが増えてきている。社会人として，幸せなキャリアを形成するためにも，限られた時間の中で，自ら主体的に，成長を求めて行動することが必要となる。

　組織の中で成果を実現することと，自分自身の成長（目指すキャリアへ近づけること）を両立させることが重要である。与えられた仕事が，自分自身の成長に直結する状態が最も好ましいと考えられるが，一部しか合致しない場合でも，その部分の成長を捉えることは重要である。また，自己分析やキャリアの棚卸しをした上で，自らの強みや弱み，経験をリストアップしておくことで，将来の目標を定めるのに役立つとともに，仕事での経験が自分自身にとってどんな意義や意味を持つかを考えて取り組むことができる。

　何も考えずに取り組むよりも，目先の仕事が，将来の自分に対してどんな効果をもたらすかを考えて取り組む方が，成長につながる。そして，会社以外での学習を通して，自分で自分のキャリアを積み上げていく活動を行うことが重要である。

1.2　優先順位と段取り，計画立案の重要性

　組織で働く中では，個人が結果を出して，組織全体の業績向上に貢献することが求められる。そのために，自分が与えられた環境の中で，最大限の成果を実現することが必要である。自分自身の能力を向上させ，アウトプットの量と質を高めるためには，求められていることと実際の行動が，合致していることが重要である。

　目の前のことに一生懸命全力で取り組んでいる場合でも，顧客や上司，組織から求められていない場合や，求められている内容と外れている場合は，せっかく頑張って高品質なアウトプットが提供できたとしても，不必要だと言われてしまうリスクがある。

　「緊急」かつ「重要」な内容は優先度が高い（**図表2-2**）。一方で，重要でない項目に労力をさくことは，個人にも組織にもマイナスの影響を与える可能性がある。また，自分にとって「今すぐ重要なこと」と，顧客，会社の組織，上司，関係者にとっての「重要」を確認することも重要である。

　次に，「計画立案」と「段取り」の重要性を考える。社会人・ビジネスマンは，与えられた環境の中で成果を出すことが求められる。時間が無限にある中

（図表2-2）　優先順位：緊急度と重要度

重要度↑		
緊急度↓　重要度↑	緊急度↑　重要度↑
緊急度↓　重要度↓	緊急度↑　重要度↓

緊急度↑

出所：筆者作成

で，自由に動き回り，成果を出すことができる立場にあることは極めて稀である。したがって，いかに効率的に効果的に，限られた時間の中で，自分自身の存在価値を発揮し，成果に結びつけることができるか求められる。

　成果を実現するためには，短期的・中期的・長期的な「計画の立案」と，「段取り」が重要となる。企業や組織の目標を意識し，自分が求められている役割を踏まえた上で，いつまでに何が必要なのかを考えることが大切である。

　計画についても，中長期的な目標を踏まえ，半年間の目標と計画，1ヶ月の目標と計画，1週間の目標と計画，1日単位の計画が必要となる。さらに，毎日の計画が，計画を立てること自体が目的になるのではなく，成果を最大化するために効率的・効果的な内容になることが必要である。効果的に仕事を進めるためには，自分だけで仕事が完結することは少なく，顧客や上司，社内の関係者とのやりとりが発生することから，関係者との協議の時間や検討時間なども想定しながら，計画的に進める必要がある（**図表2-3**）。

（図表2-3）　やることリスト

やることリスト（タスクリスト）			
	内容	期日	状況	メモ
例	お客さんAに資料を持参	3月4日	作業中	事前に●さんに確認
1				
2				
3				

出所：筆者作成

　計画の精度を高めることは，自分自身でも困難だが，関係者が多くなると精緻な内容を想定するのがより困難になる。日々の計画や週単位の計画を実践し，振り返ることを通じて，徐々に改善し，精度を高めることができる。

1.3　報告連絡相談・企画構築力

　仕事を進めるにあたっては，他者とのコミュニケーションが必要になる。コミュニケーションをとるには，口頭の報告，メール，報告書や企画書，提案書，プレゼンテーション，電話などさまざまな方法があり，状況に応じて適切なものを活用することになる。口頭での報告の仕方や，メールや日報，報告書・企画書・提案書は，企業ごとにも特徴が存在する（**図表2-4**）。組織や相手に対

（図表2-4）「企画書」「日報」の例

企画書	日報
日付　名前 <u>タイトル</u> 結論： 1．背景 2．企画の概要 3．予算・収支など 4．今後のスケジュール 5．その他留意点など	日付 名前 今日の活動（要約） 一日の概要 　・9時-10時　打ち合わせ 　・10時-13時　A社へ訪問 　・14時-17時　提案資料準備 　・17時　帰宅 よかった点・改善点 今後の目標 上司コメント

出所：筆者作成

して，適切な手段で，最も効果が得られる方法を採用する必要がある。

　メールや報告書・企画書・提案書などを作成する場合は，相手に誤解なく伝わる文章を書く必要がある。論理的で誰が読んでも同じ意味で，わかりやすい文章が求められ，簡潔で誤解を与えない文章を書く能力が必要になる。

　電話や口頭での報告，プレゼンテーションの場合は，説明に無駄がなくわかりやすく伝える必要がある。

2　社会人・上司の壁（A山のケース）

　とある新入社員A山のケースを考えてみよう。A山は，一生懸命働いているが，結果が出ずに悩んでいる。多くの新入社員や若手社員が陥りやすい落とし穴について考え，「自分だったらどうするか？」「最適な方法は何か？」と考えてみよう。ケーススタディでは，自分の環境に当てはめながら推察して読むことで，同じような現象に陥った際の対処方法が擬似体験できる。体験を実際にしていない場合でも，成功に導かれることが期待される。

＜ケース＞

　新入社員の「A山」は，営業部に配属された。営業は，法人相手の営業であり，会社の中では中核の存在であり，多くの人数が配属されている。部長，課長が3名，各課長の下に担当者が10名存在する。年齢構成は，部長が50代，課長が40代，担当者は20代・30代である。身近な先輩は，3年目の社員であり，新入社員として配属されたのは「A山」一人である。先輩指導役は10年目の「Y田主任」である。

　入社して半年が経過し，「Y田主任」のもとで，業務の補助体験をした。営業に同行し，必要な社内のルールや，お客さんとのコミュニケーションの仕方，商材の詳細などについては理解が深まってきた。

　そして，いよいよ，特定の5社の企業を担当することになった。これまで「A山」は，学生時代にサービス業のアルバイト経験もあり，サークルにも所属し，

いろいろな人とコミュニケーションを重ねる経験があった。そして入社後もモチベーション高く業務に取り組んでいた。コミュニケーション能力の高さと愛想の良さで可愛がられて人間関係を構築することが得意だが，コツコツと本を読んで勉強をするなどの知識のインプットが苦手である。また大雑把な性格でもあり，勢いよく物事を進めるのは得意だが，不明点があった時に調べ，確認することは，今まではあまり経験してこなかった。

　実際に企業を担当した際，「A山」はどのような困難に直面したのか？

2.1　コミュニケーションの壁

　営業1ヶ月目，A山に早速困難が訪れた。取引先5社に対して，今まで先輩が丁寧に営業を重ねて，信頼関係を構築することができている。一方で，どの企業に対して，何をやったらいいのかが全くわからない。そして，先輩からも今まで一緒に同行していることもあり，その様子を参考にしながら自分なりに考えて頑張ってみなさい！　と激励の言葉をかけられている。「なんとかして自分の存在価値を発揮するために，ホームランをかっ飛ばしたい！！」そんな思いを胸にA山が営業を頑張ろうとしていた矢先のことだった。

　A山は課長に呼ばれ，こんなやりとりが行われた。

「A山さん，お客様からクレームが来ているよ。これまでの担当者に戻してほしいと言われている。一体何をしたのだろうか？　私も君がどんな様子で企業の担当者とコミュニケーションをとっているかわからず，ただ，謝るしかなかった。これまで私が担当していた時も，過去からの付き合いが長く，信頼関係も構築できていたし，そんな無理難題も要求することはない人だと思うのだが…」

　一体なぜこのようなことが生じてしまったのだろうか？　想定されることを考えてみよう。

> 検討課題
> 1．A山の問題はどこにあるのだろうか？
> 2．A山の問題の中で最も重要な点はなんだろうか？
> 3．解決に向けてどのような対応をすれば良いのだろうか？

　課長が求めていることは，どのようなことなのだろうか？　そして，そのことを実現するためには，どのように行動すれば良いのだろうか？　まずは，そのための現状把握をしてみよう。

① 何が原因なのか？

　A山は，新入社員であり，これまでに営業経験は乏しく，自社の状況や顧客とのやりとりなどを無視し，自分の思う，勝手な理想像で，営業を定義し，思いのまま，顧客に対して飛び込んでいた。A山が描いた営業像は「とにかく最新の情報や商品を提案し，高いものを契約して売り上げを伸ばすことが重要である」というものであった。

　しかしながら，顧客が望んでいたのは，今までと同じように既存の商品の取引を継続することであった。新たな提案よりは，今までの商品を決められた期日までに安定的に提供してもらえることや，新商品が出たときには，すぐに購入には至らないが，検討はじっくり行いたいので，クイックに情報が欲しいというものであった。これまでの担当者は，顧客のことを理解し，継続的な接点を有し，顧客の要望に答えながら，時折新しい提案を小出しにすることで，信頼関係を構築し，少しずつ取引を拡大していった。

　ところが，A山は，自分の提案ばかりを押し付けてしまい，それ自体では顧客の評価はマイナスにはならなかったが，顧客の要望やリクエストを忘れて，放置してしまっていた。このため，顧客からのクレームが，会社（上司）に入ってしまった。

② 解決策は？

　まずは，相手のニーズが何であるか，自社の先輩や過去の取引経緯などを確認することが重要である。さらに，わからないことは，あらかじめ社内の先輩や過去の担当者に確認することで，解消ができた可能性が高い。

　また，相手の反応やオーダーがあった際に，きめ細やかに報告や相談ができていれば，顧客からのクレームが生じる前に，顧客の反応などから提案の方法や忘れているオーダーをリマインドすることで，防ぐことができたかもしれない。

　事前の情報収集，報告・連絡・相談が不十分であったことが，トラブルの要因につながってしまったと考えられる。

2.2　企画・決裁の壁

　A山は，上司の課長に，何かあるたびに今までよりも細かく相談しながら，仕事を進めるようになった。これまで，課長に認めてもらうためには，自分一人で完結しなければならないと思っていたが，よくよく考えれば，同じ会社で同じ目標に向かって頑張る仲間であるということが理解できるように変化した。今まであまり雑談をすることもなく，緊張感が漂うような関係であったが，お互いのプライベートの話をするなど，人間関係も良好に変化していった。

　結果は，仕事にも表れていった。顧客の1社である「愛菊株式会社」は，これまでライバル会社が受注していた。攻略するための壁は高かったが，社内の関係部署と連携して新たな提案を重ねる中で，企業から，条件付きで，この要素がクリアできれば，契約しても良いという，契約一歩手前まで進んでいた。

　この企業への提案が成約すれば，社内での営業の模範事例となるもので，「若手社員ではできない，社内のベテラン担当者でもなかなか成功が困難なモデル事例となる」と課長に加えて部長からも期待の言葉があった。

　実現に向けては社内の他部署との調整が必要であったが，課長がサポート・フォローすることによって，社内調整も円滑に進み，顧客との交渉が進み，間もなく契約という段階まで進んだ。完成の間際，課長から「決裁書」を記載してほ

しいとオーダーがあった。

「これまでの努力のプロセスを記載してほしい。やってみようか」と期待の言葉があった。

そこで，思いを込めて記載した決裁書を提出した。

返答は，「感想文や日誌のような文章ばかりで，必要な内容が記載されていないようだ。決裁書に何を書くべきなのかを整理して，もう一度書き直してください」。

一体どんな文章だったのだろうか？　何が問題だったのだろうか？

① 　何が原因なのか？

これまで，上司とは，主に対話を中心としたコミュニケーションが行われてきた。人間関係が構築される中で，お互いの理解が促進され，円滑に情報を伝達することができていた。

一方，日報やメール，報告書などを書く機会は少なく，十分な指導を受けておらず，「文字を活用した情報伝達が苦手」な状況にあった。そして，決裁書は，これまでの経緯や主張したいことなどがバラバラに書かれ，かつ，事実と感想が混在し，第三者が読んで非常に理解しづらい内容になっていた。

② 　解決策は？

書き方のスキルも足りなかったが，決裁書や報告書のルールや理解が不十分な状況にあった。決裁書を書くためのルールを確認し，これまでに先輩などが記載した決裁書を確認し，必要な項目を理解することに努めた。

他の決裁書を見ることで，以下の4点を記載することが標準的な内容であることが把握できた。

1．用件（件名・テーマ）

2．概要・目的

3．予算

4．理由・詳細説明

特に，2と4は，簡潔に事実を書くことが求められた。A山は，気合が空回り
し，思いの丈を述べすぎていた。一文一文も冗長な文章で，かつ，自分の感想や
意見と，客観的な事実が混在する文章を記載していた。

あらかじめ書くべき内容を整理した上で，ポイントを絞っておくことが重要で
あることが把握できた。文章は，主語と述語が明確で，端的で簡潔に記載されて
いることが必要であると理解した。

2.3　評価の壁

A山は，大きな仕事の成果を出すことができた。その後も，一生懸命仕事に取
り組むことができた。休みの日も自己啓発に励み，ビジネス書を読んだり，
YouTube での経営者のメッセージなども頻繁に聞くなど，入社して1年間で，
かなり成長した実感もあった。自己認識としては，社内の若手の中では5本の指
に入る次世代のエース格であるのは間違いないと自画自賛していた。自信満々で
仕事をすることで，顧客とのトラブルはなく，むしろ一生懸命コミュニケーショ
ンをとることが気に入られ，また，社内でのコミュニケーションは円滑にできる
ようになり，安定的に良い営業成績を残すことができていた。

しかしながら，上司である課長が2ヶ月前に変わった。そこから何か風向きが
変わったことを感じていた。課長は自分の今までの成長の軌跡を理解していない
ようにも感じる。先週も，社会人の基礎的な振る舞いについて，今までも何度も
前の課長にも指摘され，ビジネス書にもよく書いてある内容で注意を受けた。自
分としてはできているつもりであった（実際にはできていなかったから注意を受
けている）。心の中では『また何回も言われていつまで基本，基本なんだろうか。
応用的なことまでできるようになっているのに・・・』と思っていた。営業方法
も，新人で初めて担当するときのような細かい点まで指導や助言がある。報告も
しているのに何度も細かく確認されて，時間もかなり無駄に感じている。

このような状況では，課長と良好な関係が築けているとは言えなかった。その
状況の中で，評価面談があった。A山自身は，このような関係だから最高の評価
はないにせよ，営業成績や成長性を考えると普通以上はあるだろうと思っていた。

しかし結果は，普通よりやや低い評価を受けてしまった。

　A山は，相当不満をもった。同時に，課長は本当にダメな上司であると決めつけてしまった。実際には，上司の目から映る姿は，ほぼ正しい状況である。なぜこのような状況が生まれてしまうのだろうか？

① 何が原因なのか？

　A山は，自分なりには精一杯努力を重ねて，会社外での自己啓発も重ねて，かつ，会社内での経験も重ねて，成功体験も積み，自信が得られるように進化していた。一方で，謙虚さが少し欠けるようになっていた。冷静に自分を客観視することができなくなっていた。

　自分がやっていることは，当然相手や上司が認識しているだろうという思い込みがあった。そのため，丁寧に自分が取り組んできたことや，考えていることを説明することができていない状況に，気づかないうちに自然となっていた。今までの上司との関係が当然次の上司とも構築できると思いこんでおり，うまくいかないのは相手が悪いと，言葉や態度には出ないが，勝手に心の中で思いこんでいた。

　そして，指摘される内容は，A山本人にとって重要な意味を持つものであったが，全ての指摘事項に対して，反射的に反感を覚えてしまうようになってしまっていた。つまり，新しい課長がいうことは全て間違っていると思いこんでしまい，適切な助言として受け入れられない状況になっていた。

　課長も困惑して，部長や他の課長，以前の課長にも相談していたが，改善が認められず，低評価をつけざるを得ない状況になってしまった。

② 解決策は？

　相手から自分がどのように見えるか？　ということを客観的に冷静に落ち着いて考える必要がある。また，他人からの助言やコメントに謙虚に向き合い，必要な内容は改善するように心がけることが必要である。全てを否定し，攻撃的な態度を取ることで，関係性が悪化することにもつながる。

　前の課長と関係が向上したように，新しい人と一緒に仕事をする際には，対話する機会をもち，お互いの相互理解を深めた上で，同じ目標に向かって取り組めるようにすることが重要である。

3　共創時代を生き抜く武器

3.1　「共創」時代に必要な基礎能力

　「共創」時代の中でも，昔と変わらずにこれからも必要であり続ける基礎スキルの一部に触れた。例えば「報告連絡相談（ホウレンソウ）」「目標設定」「目的と手段」「段取り，計画と実行」「ロジカルシンキング」「コミュニケーション」「プレゼンテーション」である。

① 「報告・連絡・相談」

　報告・連絡・相談を行う方法や頻度，内容は状況に応じてさまざまである。所属する部署の状況に応じて臨機応変に対応する必要がある。やり方やツールは異なるものの，一緒に活動する自分以外の他者に対して，状況を適切に伝えて，目標に向かって効率的に進めるために必要である。

② 「段取り」「計画力」

　期日までに物事を達成するために，当日までに実施する内容を洗い出して，どのくらい時間がかかるかを考えて計画を立てる。慣れてくると自然とできるようになってくるが，自分で完結しない話や，自分以外の関係者が多い話や，相手に一定の作業量が存在して，返答するまでの時間が未確定な場合などは，いかに段取りよく実施し，ロスタイムを少なくすることができるかが重要になる。自分以外の時間もコントロールしつつ，俯瞰的に全体像を把握しながら進めることが必要になる。

③　「目的」と「手段」の重要性

　目的とは，成し遂げようと目指す事柄，目標とは，目的を達成するために設けた中間地点，手段とは，目的を達するためにその途上で使う方法である。目的を意識して，適切な目標を設定し，目標に向かって適切な方法を手段として選択することが求められる。ついつい手段が目的になりがちであり，何のためにこの目先のことを実行するのかが見えなくなる，間違ってしまうことがある。例えば，チーム全員で同じゴールに向かって営業先を10社開拓することを目標として進めている場合に，チーム内のコミュニケーションを円滑にするために，会議を定例化することがある。会議は手段の1つであるが，気付いたら，会議を実施することが目的になっており，会議のための資料を残業して作り，当初の目的であるコミュニケーションの円滑さは実現されないで終わることがある。適切な手段が他にもある場合もある。例えばメールの活用が一番良いかもしれない。

④　「論理的思考」「ロジカルシンキング」の重要性

　論理的思考とは，物事を体系的に整理し，矛盾や飛躍のないように筋道を立てる思考法のことである。

　「主観」と「客観」，「主張」と「根拠」，「抽象」と「具体」，「定性」と「定量」，「原因」と「結果」なども意識し，考え続けることが必要である。特に，目的と手段が混同する場合には，冷静に，客観的に落ち着いて思考をすることが必要である。

　根拠は，主観的な内容ではなく客観的な事実を使う。具体的で定量的な数字を示すと相違が起きにくい。分析する中では，具体と抽象を往復することが求められる。相手の立場に立って，論理的なロジックが成立していることが重要である。

⑤ 「コミュニケーション能力」

コミュニケーションを円滑にするためには，つい，喋り方が上手になることなどのテクニックに目がいくが，ビジネスにおいては，違う要素も多く存在する。論理的に思考することができ，相手が求める適切な報告・連絡・相談において，正しい日本語で正確に伝えることができれば，情報の伝達がうまくいき，目的に向かうことができる。

自分以外の人と，合意形成ができ，意思統一ができることによって，仲間として同じ船に乗って進むことができる。結果，同じ目的に向かって「共創」することができる。逆に言えば，合意形成・意思統一が困難な場合は，どんなに頑張っても，優秀でも，時間をかけても「共創」することができず，目的ではないところに向かってしまうことになりかねない。

3.2 成長に向けた実践経験

成長を最大化するためには，会社などでの「実践」経験を最大限生かした上で，必要な知識を自主的に学習して，実践と学びを重ねて相乗効果を得られる状況を構築することが必要となる。例えば，営業部署に配属された場合には，会社の商材や顧客の理解を深めるだけではなく，自らのスキルアップに向けてさまざまな方法が考えられる。上司や社内の関係者とのコミュニケーションを円滑にするためには，論理的思考（ロジカルシンキング）や，文章作成能力などの学習を自主的に行うことによって，活用する機会が毎日の活動の中で存在する。

また，身につけたいと思っているスキルがある場合は，学習した内容を仕事の中で活用できないかを検討して，重ね合わせながら実践することができれば，相乗効果が発揮できると考えらえる。

さらに，なるべく自主的に手をあげて，プレゼンテーションを実施する機会などを数多く経験することが必要である。誰かが実施すればいい場合などは，控えめになり遠慮する傾向にあるが，成長するためには，場数をこなすことが

必要である。そのため，少しでも機会がある，チャンスがあるという状況であれば，ハングリー精神剥き出しの気持ちで挑戦し続けることが重要である。最初から完全に完璧にできる人は存在しないが，舞台に立ち，バッターボックスに立たなければ，成長の機会も生まれない。

　また，数だけを追い求めるのではなく，大きな意思決定などの場に身を置くことも重要である。緊張感をもって勝負の機会に身をおき，そこで集中してプレゼンテーションなどを実施することは，成長するのに適した機会であると考えられる。このように，意外と身近な生活の中で，意識を変えることで，成長する機会は転がっていると考えることもできる。

第2章のまとめ（自分を見つめるチェックリスト）

- [ ] 組織の目標と個人の目標を明確にすることができますか？
- [ ] いつまでに何をどのように実施すれば良いか自分で計画が立てられますか？
- [ ] 計画に対して，優先順位を決めて，効果的で効率的に実施することができますか？
- [ ] 長期・中期・短期それぞれの期間での目標などを定めることができますか？
- [ ] 他者との関わりの中で，円滑にコミュニケーションをとることができますか？
- [ ] 他者と一緒に同じ目標に向かって円滑に推進することができますか？
- [ ] 報告・連絡・相談が，状況に応じた適切なツールを用いて実施できますか？
- [ ] アイデアを具体的な企画書・報告書などに変換して伝えることができますか？
- [ ] 論理的に考えることができますか？
- [ ] 成長機会を自ら掴み取ることができますか？

第3章

社内外ネットワークの構築とチームワークの高め方

Point

　ネットワーク力は，「構築力」，「再編成（ピボット）力」，「チーム価値を生み出すコミュニケーション力」の3つが必要である。良好な人間関係を保つための「人たらし」になるためには，「ポジション・チェンジ」を試みるとよい。自分の立場，相手の立場，第三者の立場の3つがポイントである。

　3つの間（時間・空間・人間）の活用方法の融合化が個人個人の幸福感につながる。チームワーク力を高める重要な3つのポイントは①チーム共通の価値観・優先順位・多様性に共感できていること。②チーム内での感謝力を育成するために，「ありがとう」「すみません」など素直な会話や挨拶ができていること。③仮説思考とエッセンシャル思考の実践ができていることである。

1　ネットワーク力とは

　ネットワーク力とは，端的に「人的つながりの量×質」から生み出される力を意味する。つながりの量である母集団が大きければ，お互いに「あの会社ね」とか「あの人ね」と，知っているというだけで親近感が芽生え，さまざまなチャンスに結び付く可能性が高まる。人的なつながりの質は，関係性の深さを意味する。

　特につながりの質は，お互いの相互理解の深さを意味し，本音で語り合えるコミュニケーションの結果ともいえる。お互いの立場や会う頻度などさまざまな要因が関連し，お互いの良好な関係を続けるための成功要因となる。

　若手世代にとっては，将来に向けて知識・技能の幅を広げるために多様な視点を持った人と会うことが，将来のキャリア形成にも役立ち，ネットワーク力を磨きあげる決め手となる。最初は，量からスタートすることにつきる。最初の一歩は，同じ世代の仲間だけではなく，子供から高齢者まで世代を超えて幅広く出会いの機会を創りコミュニケーションすることから始めてみよう。

　最近では，ネット上のコミュニティで発言することも容易にできる。自ら情報を発信し，意見を受け取り，関係性の構築に向けて挑戦しよう。

　図表3-1は，興味分野に基づき，コミュニティに参画し，独自な発信を行い，フィードバックをもらい，誘われたり頼まれたりする存在となり，人的ネットワークのつながりの量と質を高め，コミュニティが進化する姿を示している。

　組織のリーダーとして成功するためには，チーム力を高めることが必要で，そのためには，組織内外のコミュニケーションを充実することが重要である。なぜなら，それぞれの人が同じ目的を共有し，生産性を高め，それぞれの多様性を認識し，お互い助け合いながら，チームとしての仕事の成果をあげることがチームリーダーには求められるからである。

　リーダーとして，ありがちな過ちは，自分自身がいちばん仕事をしたと感じ

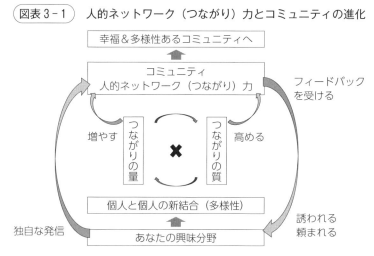

図表3-1　人的ネットワーク（つながり）力とコミュニティの進化

出所：筆者作成

てしまうことである。自分が一番仕事をするのではなく，役割分担とその場で
アレンジした共創によって成果をあげることが必要である。そのためには社内
外に数多くの有力な人的ネットワークを持ち，そのネットワークを最大限に活
用し，再編成（ピボット）し，役割分担しながら，協調して，成果を成し遂げ
ること，つまり，エコシステムを形成し成功を導くことが不可欠である。

　チーム力を高めるネットワーク全体像について，次頁**図表3-2**を示す。

　ネットワーク力は，①「構築力」と②「再編成（ピボット）力」，③「チー
ム価値を生み出すコミュニケーション力」の3つが必要である。人的ネット
ワークを活用する力がないと，与えられた人的資源だけでは，職務上の責任権
限の中で成果をあげることができない場合が多い。

　そのためには社内を超えたネットワークが必要となる。また，たくさんの
人々との単なるネットワークに加えて，それらの人々に働きかけ，実際に動い
てもらい，結果として価値を生み出すことができなければ，成果をあげること
に繋がらない。

　1つのプロジェクトを成功させるためには，目的，目標の設定及びKPIの

図表3-2　チーム力を高めるネットワーク全体像

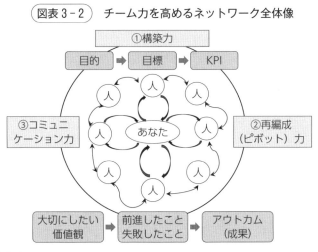

出所：筆者作成

設定が必要である。目的は最終的に到達したいゴールであり，目標は最終的な
到達点の目的を達成するための中間地点を意味する。企業活動では，売上や利
益など具体的な数値を目標とすることが多い。KPI とは，「Key Performance
Indicator（キー・パフォーマンス・インディケーター）」の略で「重要目標達
成度指標」ともいわれる。KPI は，チームでの設定した目標を達成するための，
プロセスを計測・評価する指標として使われる。

　チームの成果をあげるためには，上記目的・目標・KPI の適切な設定も重要
ではあるが，それ以上に重要な要素は，大切にしたい価値観の共有である。例
えば，「チームの包摂性・協調性」があれば，プロジェクトの進行とともに，
前進していることや，失敗していること，遅れていること，顧客からの苦情，
緊急事態など，さまざまなことが発生したときに，適時適切な情報共有と壁を
乗り越える体制が再編成（ピボット）されて，目的志向型のアウトカム（成
果）が達成されていく。

1.1　多様性と人たらしになる「つながり」の作り方

　社会人としてキャリアを形成する上では，「多様性の尊重」と「人たらし思考」を意識した「つながり」が重要である。幼少のころからさまざまなつながりが芽生え，進学を通じて，更新されていく。偶然の出会いもあれば，社会人になってからは，社内外でつながりを探索し，活用することになる（**図表3-3**）。

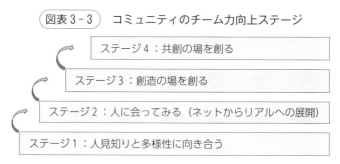

（図表3-3）　コミュニティのチーム力向上ステージ

　　ステージ4：共創の場を創る

　　ステージ3：創造の場を創る

　　ステージ2：人に会ってみる（ネットからリアルへの展開）

　　ステージ1：人見知りと多様性に向き合う

出所：筆者作成

①　人見知りと多様性に向き合う

　まず最初は，自分が人見知りであることを自覚することがスタートである。漫才師やお笑いタレントなどよっぽどの楽天家であっても，学生時代や若い社会人であっても，きっかけがないと知らない人に声をかけることは難しい。特に日本人は，人と話をすることに苦手意識をもつ人も多い。

　赤ちゃんを対象にした最近の研究結果では，人見知りの原因は，他人を怖がる気持ちだけではないことが分かっており，近づきたい気持ちと怖い気持ちの間で揺れ動く心理が，「人見知り」として表れている。この人見知りを「多様性に向き合う」に変換できると，より良い人間関係の組成チャンスになる。まずは，逃げないことや勇気を持つことからはじめると良い。

　例えば，あなたとバックグラウンドの異なる人を選んでお話をしてみること

が，新しい刺激になる。仲良くなるために，「産業」，「性別」，「職業」，「役職」，「年齢」，「政治観」，「社会経済的地位」の違いを知り理解することからスタートする。そのためには，最初は，「包摂的」になることが必要である。「包摂的」とは，「一定の範囲の中につつみ込むこと」と国語辞典に記載されているが，筆者の解釈は，「相手を心の底から包み込むこと」を意図している。そして，相手との違いを楽しむことが重要である。例えばグローバルスタンダードに興味があり，他国と日本の考え方の根本的な違いについて知ることは，自分にとってさまざまな価値観を認め合う経験となり，他人への包容力が増す経験になる。

② 人に会ってみる

人に会うとき，最初の人見知りは当然あるが，相手を包摂しようと努力すると，どんどん近くに寄ってくるような気がする。他人との心の距離が短くなり，つながりの質を高めることができる。最近では，ネットコミュニティから知り合い，リアルで会う機会も多くなっている。ネットのみだとなかなかつながりの深さを実感することはできないが，ネットとリアルを併用することでつながりの質を高めることができる。

社会人に対してお勧めなのが，社内で違うチームの人など気になる人をランチに誘うことである。同じ世代のみでなく，幅広い層で，仕事以外の話を含めて，昼休みを有効活用したい。気になる人とは，最近の業界情報や他部署の状況などを，話をするだけで，偶然だが，新しい発見につながることが多い。

③ 創造の場を創る

②で得られた人との出会いを生かして，創造の場を創ることが次のステップとなる。社内のみならず社外の人も集めて，新しいアイデアを気軽に話し合え，創造的刺激を与えてくれそうな人を選んでディスカッションする場を設ける。その時に，創造性を掻き立てる場所（図書館とか共創スペース）を選ぶことも大切である。

④　共創の場を創る

　③の創造の場の発展形が，共創の場づくりである。自分自身が中心となって
コミュニティを創っていくことが望まれる。参画者のパーパスを共有し，異な
る仕事の人同士が集まって，産業，事業領域，地域の専門家を探し，社会課題
の解決を共創し，実走しながらレベルアップし共有価値の創造（Creating
Shared Value）を目指すものである。

　以上のように，多様性あるコミュニティづくりは，やってみれば必ず新しい
価値や良い刺激がもらえそうなものばかりである。
　特に，漫然と，社会人や学生として，いつものメンバーと話をしていると，
自然と何も考えなくなり，思考停止になり，考えが凝り固まってしまいがちな
状態に陥ってしまう。自分と異なるバックグランドや考えの人と会い，議論す
る機会を持つことによって，成長の機会につながることを心に刻んでおきたい。

1.2　人たらし&インテグリティを目指そう

　人間だれしも，知らない人からのつながりがスタートである。知り合ってか
ら，良好な人間関係を保つための「人たらし」になるためには，「ポジショ
ン・チェンジ」を試みるとよい。例えば Neuro Linguistic Programming
（NLP：神経言語プログラミング）から生まれた心理学手法がある。1970年代
から実践され，人生で逃れることのできない人間関係について以下の3点の立
場を設定する。
- 自分の立場
- 相手の立場
- 第三者の立場

　筆者自身も，学生時代に自意識過剰と友人に言われたことで，相手や第三者
の立場を考えるようになった経験がある。特にチームの中で共同目的を遂行す
る場合は，それぞれの役割分担や進捗状況を評価し，改善を考えてみる機会に

使える。

　ここで重要なことは，相手の立場を考慮し，WIN/WIN関係を模索するとともに，第三者の立場も加えて，その出来事について第三者意見としてコメントをまとめることである。そのコメントからアクションにつなげていくことが，プロジェクトの成功ポイントとなる。

　組織のリーダーやマネジメントに求められる重要な資質のひとつとして，誠実さを意味する「インテグリティ」が特に重要である。インテグリティは，「誠実」「真摯」「高潔」「良心」を意味するが，インテグリティの定義については著名なドラッカーも書籍『現代の経営』の中で，難しいと判断しており，インテグリティが欠如している人物を例示することで，逆説的にインテグリティの定義の明確化に近づけようとしている。

　例えばドラッカーは，インテグリティが欠如する人を以下のように整理する。

① 「人の強みではなく，弱みに焦点を合わせる者」
② 「冷笑家」
③ 「『何が正しいか』よりも『誰が正しいか』に関心をもつ者」
④ 「人格よりも頭脳を重視する者」
⑤ 「有能な部下を恐れる者」
⑥ 「自らの仕事に高い基準を定めない者」

1.3　朝活で「頭の働く習慣」づくりと社会課題解決を考えよう

　早起きは成長にとって重要である。睡眠時間をしっかりとって，朝早く起きると，朝活として脳のゴールデンタイムを活用し，新しい発想力が鍛えられる。例えば，4つの習慣が望まれる。

① 太陽を浴びてテストステロンを出す
② 軽い運動や散歩を日課にする（犬の散歩もいい）
③ 雨の日は，ラジオ体操かヨガ等YouTubeを見ながらやる（スポーツクラブもいい）

④　朝，シャワーを浴びる（冬は無理かもしれない）

　頭の健康を保つには，楽しみやドキドキわくわくの機会を計画するとよい。
　そのためには，「好きな人との朝活」など出会いの場やネットワーキングは
重要である。早く起きるためには，早く寝て十分睡眠時間を取ることも大事で
ある。遅くとも23時には寝る習慣をつけるとよい。次の日になって寝ると寝つ
きが悪くなり，次の日の快適さに差があるように感じる。
　さて，朝活動で，頭の働く習慣ができるようになったら，仲間を集めて，
オープンイノベーションの機会を定期的に開催するプログラムをつくるとよい。
　時間，空間，人間からみたコミュニティを活性化させるためには，以下を参
考にコミュニティのルールを作るとよい（**図表3-4**）。
　次頁**図表3-5**は，社会課題の優先テーマと達成目標を時間，空間，人間に
区分して示しているが，最も重要なことはこの3つの間（時間・空間・人間）
の活用方法の融合化が個人個人の幸福感につながることである。具体的には，
「誰一人取り残さないように共創を促す」「自分の経験を体系化し，他者融合
（コンバージェンス）する」「ピボット（時代の変化に適合できる柔軟な思考と
実践）する」がコミュニティにおける共通施策となる。

（図表3-4）時間・空間・人間から見た良いコミュニティルール

時間	①時間帯を有効に使う（朝が思考能力一番） ②エッセンシャル思考で優先順位を明確にする ③自分ができることに集中する ④付箋等でやるべきことリストを貼る（見える化の工夫） ⑤健康に配慮し，やりすぎない
空間	①共創できる場所を決める（朝活できる場所で集まりやすい場所） ②仲間を集める ③空間の緊急事態も想定しておく
人間	①仲間うちのみでなく多様性視点で人を集める ②世代間を超えて人を集める ③デジタルに強い人材に参加してもらう

出所：各種資料より筆者作成

46

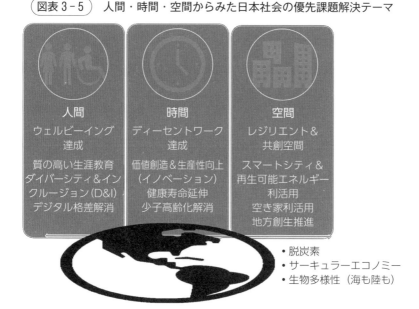

図表 3-5 人間・時間・空間からみた日本社会の優先課題解決テーマ

出所：各種資料より筆者作成

図表 3-6 社会課題解決に向けた重要な目標

①　ウェルビーイング達成：肉体的にも，精神的にも，そして社会的にも，すべてが満たされた状態にあること
②　ディーセントワーク達成：働きがいのある人間らしい仕事を続けられること
③　レジリエント＆共創空間：心の安心・安全が担保された上に，自由に発言できるコミュニティがあり，テーマや目標に向かって，創造と信頼がある空間があること

出所：各種資料より筆者作成

　日本社会において，優先課題解決テーマは「ウェルビーイング達成」「ディーセントワーク達成」「レジリエント＆共創空間」である。社会課題解決のための重要なゴールとなっており，お互いに認識の違いを意識しながら，誰一人取り残さない施策を具体化する必要がある（図表 3-6）。

2　ネットワーク力を高める事例研究

2.1　コンサルファームに学ぶ仮説思考の事例

　私が大学卒業後にメーカーに就職し，先輩から教えられたことは，「まず情報収集」だった。つまり，網羅的に調べ，そこから解決方法を考えることであった。また研究開発部門だったので，1つ1つの事象を網羅的に調べ，調査，分析し，検討した結果，結局時間が足りず，とりあえずまとめた成果発表会で冷や汗をかいたことが思い出にある。その後，転職をしてコンサルティングファームに所属したのだが，その際にかなり驚いた。それは「仮説思考」で業務をしていたからである。仮説思考とは，「何らかの問題解決を考えるときに，仮説を立ててから考える頭の使い方」を意味するが，ある論点に対して，現地点で最も答えに近いと考えられる答えを導き出すことができる。

　仮説思考は，捨てる力ともいえる。問題の発見までは同じプロセスだが，解決策を仮説思考で絞っていくことで，労力が省けて，すぐ実行に移すことができるような解を見出すことができる。

　仮説思考とは，限られた時間の中であっても，絞った情報の中から仮の結論を出すことで問いに明確に答えることができる手法でもあるし，結論の仮説が間違っていれば，「その原因は違う」「その打ち手は意味がない」などそれが重要な発見となる点が仮説思考の特徴である。

　その反対の方法として，目的を達成するための手段を1つ1つ検証していく演繹法（積上思考）があるが，時間もお金もかかる点が課題である。一般的に情報収集・分析検討段階で達成感があり，情報収集・分析検討自体が目的化しやすく，問題の本質的な解決の視点から時間切れになってしまうことが多い（次頁**図表 3 - 7**）。

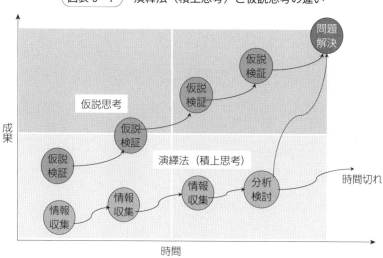

図表3-7　演繹法（積上思考）と仮説思考の違い

出所：筆者作成

2.2　価値共創コンサルティング事例から学ぶこと

　通常のビジネスは，ギブ＆テイクが基本である。また，チーム内では，ギブ＆ギブをベースに信頼関係を構築することが推奨されている。

　「価値共創」は，コンサルティングのビジネスモデルそのものである。コンサルティングのビジネスモデルは，顧客からお金をいただいて，解決案を提示して，共創するビジネスモデルである。その原点には，端的に人件費粗利倍率など，自分の人件費の何倍稼いで，チームとしてどのくらい稼げるかが，一人一人の価値の源泉となるビジネスモデルである。

　コンサルファーム入社当時は，チームのために働くことが多い。つまりコンサルタントとして未熟な期間は，ギブ＆ギブがチーム内で求められる。チーム内で顧客に届ける価値情報をいかに早く，正しくわかりやすく作成できるかがコンサルタントの力量となる。

　30代半ばを過ぎると，コンサルタントして顧客と向き合い，案件組成力と受

注力が求められる。コンサルタントして成長するプロセスでの重要事項を整理すると，顧客から価値を認め続けられる存在を目指すために，顧客の未来を良くすることに注力しながらも自分たちのテイク＆テイクを常に考えていることである。それがプロのコンサルタントであると考えられる。

　コンサルティングファームは，人的資本を使って，顧客の経営をよりよくするプロ集団である。しかしながら，あくまで事業責任をとる顧客目線とは，責任の重さが違う。友人に虚業と言われショックを受けたこともあるが，人的資本が足りない企業にとっては必要な存在であるし，大企業でも活用が進んでいる（**図表 3 - 8**）。

（図表 3 - 8）　「価値共創」にむけた各段階におけるポイント

営業段階	① 顧客訪問前は，訪問目的，顧客ニーズに照らして，顧客情報を徹底的に下調べする ② 顧客ニーズが具体化した段階で，顧客が求める課題解決にフィットしたコンサルタントであることを実例や実績を通じてさりげなく優位性を示す ③ 顧客課題の解決のための真因を把握しながら，話をよく聞く（傾聴あるのみ） ④ 顧客の財布の状況及びキーマンをそれとなく把握する
企画提案段階	① 企画書は，キーマン用に必ずエグゼクティブサマリーを入れる ② 企画プレゼンは，チーム総力戦で役割分担し，結論，根拠，具体例でわかりやすく，キーワードは何度も語りかける ③ 顧客のプロジェクト体制も考えて，複数案（戦略オプション）を用意する
受注・生産段階	① キックオフ時は，キーマンの方も含め，プロジェクトのゴール，役割分担，プロセス（特に定期的すり合わせ方法）など明確にしておく ② プロジェクト推進時は，顧客と同じゴールを共有しながら，プロの見解，切れ味のある報告書，説得力ある結論に落とし込む
クロージング段階	① 顧客との関係性には，常にサプライズコントロールを意識し，長期的な視点も入れながら，リピート受注を意識して，打ち合わせに臨む ② 顧客の次の優先課題を見える化，共有しながら，次の営業プロセスがない状態をつくる ③ 想定される問題発生リスクは，常に社内外ホウレンソウで摘み取っておく

出所：筆者作成

　では，顧客自らが，自分たちで解決できないのはなぜだろう。コンサルタントは，経験と思考能力を価値に変える。また，第三者として，他社との比較がしやすい点が挙げられる。世界の市場を見ると，コンサルティング市場は伸びており，今後も拡大することが予測される。

　しかし，若い人にとって，職業としてコンサルタントになることと，コンサルティング手法や仮説思考を使って，職場の課題やコミュニティの課題を解決することと明確に区分しなければならない。内部組織やチームの問題解決は，ギブ＆ギブが基本であることに留意したい。あなたが与えることで，相手がより成長し，良好な人間関係に近づくことを忘れないことが大切である。

2.3　ネットワークをビジネスに活用する

　ネットワークをビジネスに活用する事例として，バックキャスティング手法

（図表3-9）　フォアキャスティングとバックキャスティングの違いと未来予測

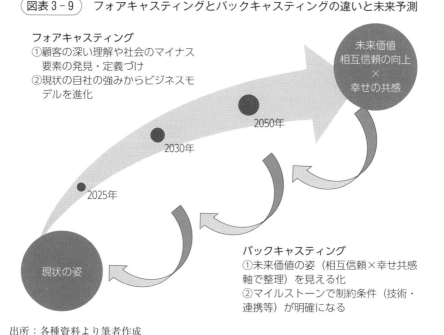

フォアキャスティング
①顧客の深い理解や社会のマイナス要素の発見・定義づけ
②現状の自社の強みからビジネスモデルを進化

未来価値
相互信頼の向上
×
幸せの共感

2050年

2030年

2025年

現状の姿

バックキャスティング
①未来価値の姿（相互信頼×幸せ共感軸で整理）を見える化
②マイルストーンで制約条件（技術・連携等）が明確になる

出所：各種資料より筆者作成

及びフォアキャスティング手法を紹介する（**図表3−9**）。通常の組織ではフォアキャスティングのみでビジネスの計画が立てられることが多いが，バックキャスティング手法は，未来世代である若い世代にとって，もっとも重要な手法である。

　バックキャスティング手法及びフォアキャスティング手法の2つ違いを踏まえて，ある大学の未来計画をワークショップ方式で立てた事例を紹介する（**図表3−10**）。大事なことは，両方の視点から考えて，ギャップを埋める活動を具体的にする点と，未来世代の幸せ視点で考えることである。

（**図表3−10**）　SDGs 未来計画の事例（大学編）

SDGs ×イノベーション（未来計画）ワークシート

区分	優先順位	目標番号	活動テーマ・内容	KPI（目標・目標値）	達成期限	マーク
事業	1	8.3　起業，創造性及びイノベーションを支援。金融サービスへのアクセス改善などを通じて中小零細企業の設立や成長を奨励する。	産学連携モデルによる「オープンイノベーション施設」の準備・実施・ビジネスモデル化の推進	①産学連携によるグローバルビジネスの起業②ベンチャー企業の発掘・ユニコーン企業の育成③大学本部によるベンチャー企業への投資（VC 機能設計）	2025年	8 働きがいも経済成長も
事業	2	3.4　非感染性疾患による死亡率を，予防や治療を通じて3分の1減少させ，精神保健及び福祉を促進する。	ライフサイエンス研究の推進（治療から健康増進への転換）（生活習慣の改善による健康寿命の延伸）	①治療から予防へのPDCA 展開②健康診断からコミットモデルの健康増進ビジネス③頭・心と運動・食事の一体化教育ビジネスの立ち上げ	2025年	3 すべての人に健康と福祉を
活動	3	4.4　2030年までに，技術的・職業的スキルなど，雇用，働きがいのある人間らしい仕事及び起業に必要な技能を備えた若者と成人の割合を大幅に増加させる。	社会課題に真正面から「ディーセントワーク」で取り組み，教育指針として「SDGs ×イノベーション精神」を常に意識させる教育体系を構築する	①SDGs 教育方針を策定し，グローバルな地域拠点でPDCA を回す②国際機関，NGO，企業と連携してパートナーシップを発揮して，グローバル人財の育成と教育	2030年	4 質の高い教育をみんなに

出所：各種資料より筆者作成

3　ネットワーク力を高める手法

　ネットワーク力を高めていくためには，時間，空間，人間の３つの視点から融合化させた取り組みの積み重ねが重要である。２節で筆者の経験からコンサルタントとしてのネットワークの構築事例を紹介した。本節では，その具体的な手法を基礎編・応用編として紹介し，最後にネットワークのチーム力を高める極意を示す。

3.1　ネットワーク力を高める基礎編

　新聞記事や雑誌の切り抜き＆整理（スクラップ）は教養やネットワーク力向上につながり，効果的である。

　新聞や雑誌の切り抜きの学習効果は，学力をアップさせる効果がある。気になる新聞２紙を切り抜き，ストック置き場にしばらく置いて，３ヶ月おきに整理してまとめた経験がある。このような新聞・雑誌の切り抜きによって，以下のような効果が期待できる。

① 　情報を収集し，整理する力がつく

　明治大学文学部教授で教育学者の齋藤孝氏は，このデータストック＆分析法を実施する時，「情報を吟味し選択するという「高度な作業」が自然と行われ，「どの記事がいいかな」と考えて探す経験を繰り返すことにより，情報を収集する力が磨かれる」と語っている。また，「切り取った記事がバラバラにならないようテーマを分類した上で，紙名や日付を台紙に貼って保存したりなどの作業によって，情報を整理するスキルも身につく」という。

　まさに一石二鳥のデータストック＆分析法である。お勧めは，情報の整理を自分のアウトプットに重ねることである。いくつか集めたデータを，自分の頭で考えて，わかりやすい絵や図表を書くことである。できれば電子媒体としてプレゼンに使えそうなパワーポイント１枚にまとめることで，新しい提案につ

なげること，ビジネス上での活用につなげることができる。

② **整理情報からネットワーキング機会を自らつくる**

　整理情報は，日記と同じように，誰が，いつ，どこで，どんなことが起きて，なぜ自分が興味をもったかを整理するものになる。これが宝物となり，過去の整理記録から，ヒアリングの機会や出会いのきっかけが生まれる。直接の連絡先は明確でない場合も多いが，ホームページを検索すれば，メールアドレスが明記されていることが多い。自分の関心事と重ね合わせ，気になったポイントを記載して連絡をすれば返信がくる確率は高くなる。

③ **人と会うことにより関心ごとが深まる**

　最近では，オンライン→実際に会ってみるなどの流れが気軽にできるようになり，柔軟な対応もできるようになった。また会う前までに，事前に相手（経歴などからみた得意分野）のことを調べて質問リストをつくっておくとよい。また，会う目的や会議のゴールを決めて最初と最後に共有することもお勧めである。これにより，自分の関心ごとを深めることや，新たなテーマの発見につながることが期待できる。

3.2　ネットワーク力を高める応用編

　人と人の出会いは，運命である。社会人になると，営業部門であれば，上司から順次自分に割り当てられてくる顧客キーマンとの接触の機会がある。

　特に受注活動におけるキーマンは，商談の成否にかかわる決定権をもっている人物である。具体的には，提案中の製品・サービスに関する決裁権をもっている人物を指すことが多い。例えば受注プロジェクトであれば，営業プロジェクトリーダー，人事系のシステムであれば人事部の部長や情報システム部門の部長クラスが一般的にはキーマンになる。しかし，社内事情を観察しないとキーマンの見極めを間違える場合もある。すべての予算は，経営企画部が握っており，経営企画室のリーダーがキーマンであることもある。

　中小企業の場合には，すべて社長が決裁する場合もあり，受注プロセスには情報把握が欠かせない。例えば，受注プロセスにおいて意思決定に関わる人は，窓口になっている担当者のほか，課題を感じている現場のスタッフ，製品サービスの導入を検討したプロジェクト責任者，決裁者，決裁者の意思決定に影響を与えるコンサルタント，契約書をチェックする法務担当者などである。

　さまざまな人物が意思決定に関わったとしても，最終的に決断を下す決裁者というキーマンに気に入られることが重要である。プロジェクト責任者が手ごたえを感じていてもクロージングの段階で断られてしまうこともある。

　逆に早い段階からキーマンにアプローチすると，商談をスムーズに進めやすくなる。取引先が抱えている真のニーズをヒアリングして質の高い提案を行えるうえ，担当者と決裁者間のやり取りを省けるからである。

　顧客にとってのメリットは，商談後に担当者から上司，上司から決裁者へ報告する必要がなくなり報告プロセスが削減され，顧客の業務の生産性の向上にもつながる。

　プロジェクトの営業側面からキーマンを見極める方法は**図表３-11**のとおり。

　次に，キーマンが判明した後の顧客へのアプローチ方法を示す。

① 　会議には担当者を通じて，キーマンの同席をお願いする

② 　企画書は，キーマン向けのエグゼクティブサマリーと本篇の２部構成にして，先方出席者に合わせたプレゼンを実施する。さらに，特に重要なことは繰り返し説明する

③ 　いつでも質問を受け付ける旨を説明し，相手の話をオウム返しのように繰り返し確認しながら傾聴姿勢を示す

④ 　名刺交換後は，すぐお礼のメールと電話等でフォローする

図表3-11 プロジェクトの営業側面からのキーマンの見極め方法

① 受注までのプロセスをさりげなく確認する 　窓口担当者に気に入ってもらった段階で，さりげなく決裁者を聞き出し，次回の同席をお願いすることで担当者の報告の効率化をメリットとして伝える。いずれにしても担当者の気分を害さないようにすることが重要である。
② 自社の製品・サービスの特徴から見極める 　商談で確認できない場合は，自社の製品・サービスからキーマンを絞り込める。コンサルの場合は，経営企画部又は部長が多かった。例えば，営業支援ツールであれば営業部長，人事系ツールであれば人事部長がキーマンの候補であろう。
③ 組織図から見極める 　会社規模と組織図をホームページなどから確認し役員構成や事業部構成などを把握する。意思決定にさまざまな部署がかかわっている場合は，社内タスクフォースの責任者がキーマンである場合も多い。
④ 会社の沿革から見極める 　中小ファミリー企業の場合は，会社名含め，会長や社長・専務や常務など同じ苗字で，社長の奥様が経理部長など各部署の役職者や役員になっている場合が多い。提案に応じてその役割分担を事前にヒアリングすることでキーマンにたどり着く可能性がある。

出所：筆者作成

３．３　チームワーク力を高める極意

　チームワーク力を高めるための極意をリスクと機会の視点から整理し，**図表3-12**と**図表3-13**に示す。

（図表3-12）　チームワーク力（成長の機会）

NO	質問項目	回答例
1	組織活動やプロジェクト活動をする上で大切にしていることは何ですか	ゴールを設定し，関係者で共有すること。組織活動では，パーパス・クレドをもつことが重要（ミッション・ビジョン・バリューでも可）
2	自分の専門性を維持・向上するために習慣としていることはありますか	①新聞記事・雑誌の切り取り収集をし，定期的にまとめて記録化すること ②記録化からわかりやすい絵や図表を書くこと
3	仕事の関係者とのコミュニケーションで心がけて，実際に行っていることは何ですか	①毎回 WIN/WIN を考える ②お互い褒め合う習慣をつくる
4	組織活動やプロジェクト活動などの実務を通じて見出した教訓で，特に大切にしているものは何ですか	①事前にトラブルを予測しておく ②エッセンシャル思考で無駄なことはしない ③仮説思考で，解決策に近づく
5	自らの経験や知見を高めていく方法として積極的に取り組んでいることは何ですか	① YouTube を見て意見交換を行う ②朝活オープンイノベーションの機会を創る

出所：筆者作成

（図表3-13）　チームワーク力（リスク対応）

NO	質問項目	回答例
1	難しい人や価値観の異なる人の育成で苦労したことはありますか。その際にどのような働きかけを行いましたか	共創は無理なので，役割を限定して参画してもらう程度に調整を実施する
2	組織活動やプロジェクト活動で最も厳しい対立状態になった時のことを教えてください。その際にどのような対応を行いましたか	命まではとられないと割り切ること
3	組織活動やプロジェクト活動などでトラブルをどう乗り切りましたか	冷静になって，イライラせず，1つ1つ対処する
4	組織活動やプロジェクト活動などの実務が進まない場合どのような対処が考えられますか	①トラブルの真因を分析し，計画の見直し実施 ②メンター・協力者の応援 ③モニタリング・改善
5	仲間とコミュニケーションが断絶状態になった時，どのように対処しましたか	当事者同士のみでなく，仲介者・アドバイザーを立てて解決する

出所：筆者作成

　チームワーク力を高める重要なポイントは，コミュニケーションをとる空間，時間，人間関係に集約される。お互いが，適切な空間で，心のゆとりがある時間帯で，良好な人間関係を保つために，常に意識して進めることである。

特に良いチームに共通するポイントは**図表3-14**のとおりである。

図表3-14 良いチームに共通するポイント

① チーム共通の価値観・優先順位・多様性に共感できている
② チーム内での感謝力を育成するために,「ありがとう」「すみません」など素直な会話や挨拶ができている
③ 仮説思考とエッセンシャル思考の実践ができている

出所：筆者作成

第3章のまとめ（自分を見つめるチェックリスト）

☐ ネットワークを増やすためのコミュニケーションが取れていますか？

☐ いろいろなコミュニティに所属しつながりを拡大できていますか？

☐ ネットワークをチーム力の向上につなげることができますか？

☐ 社内外の人と一緒に創造する場を作ることができますか？

☐ 参加者の目的に合致した共創の場を作ることができますか？

☐ ネットワークの拡大に向けた有益な方法を理解していますか？

☐ 仮説思考で考えることができますか？

☐ 情報を収集し，整理することができますか？

☐ 相手のニーズに合わせた提案をすることができますか？

☐ 社会課題解決に向けて逆算して思考することができますか？

第4章

フレームワークの分析と提案・実行による課題分析力

Point

　SWOT 分析は，4つの要素を整理し，その組み合わせから方向性を示す。ドメイン設定は，経営者の"思い"と企業の"現状"を踏まえて設定する。4P分析は，想定顧客と4P要素，そして4P間の整合性をとる。フレームワークにも限界があるため，その限界を理解したうえで利用する。何を導き出すのか。自分の思考を疑ってみることが重要である。また，各フレームワークには，「繋がり」と「一貫性」がある。環境分析やドメイン設定をする本当の狙いは，「課題」を見つけ出すことである。

1　フレームワーク分析を学ぶ

　本章では，小売業の事例分析をもとに，フレームワークを活用することによっ
て課題解決をする方法を示す。まずはじめに，事例分析で重要となるフレーム
ワークの「SWOT 分析」「ドメインの設定」「4 P 分析」について，解説をする。

1.1　SWOT 分析

　SWOT 分析とは，企業を取り巻く環境を分析するツールであり，「強み
（Strength）」，「弱み（Weakness）」「機会（Opportunity）」「脅威（Threat）」
の頭文字で示される。特徴は，企業がコントロールできる内部環境「強み」
「弱み」と，企業がコントロールできない外部環境「機会」「脅威」の4つの要素
を分析することで，現在において活かせる強みや補うべき弱み，環境変化へ
の取り組みなどの方向性を示すことができる点にある。
　SWOT 分析には，2つの役割がある。1点目は，SWOT の4つの要素を整
理することである。2点目は，4つの要素の組み合わせから方向性を示すこと
である。

①　SWOT の4つの要素を整理する

　内部環境を構成する要素（強み，弱み）は，競合他社に比べて自社が優れて
いる点などを「強み」，劣っている点などを「弱み」として整理する。外部環
境を構成する要素（機会，脅威）では，業界や市場の変化などで自社にとって
チャンスとなる「機会」，自社では防ぐことができない「脅威」として整理す
る（**図表 4 - 1**）。
　また，他のフレームワークを活用して，SWOT 分析の「内部環境」と「外
部環境」を整理・分析することができる。例えば，「内部環境」の分析には，
バリューチェーン分析，VRIO 分析などがあり，「外部環境」の分析には，
PEST 分析，5 Forces 分析などが活用される。

（図表4-1）　SWOT 分析　4つの要素

	プラス要素	マイナス要素
内部環境	強み：S (Strength)	弱み：W (Weakness)
外部環境	機会：O (Opportunity)	脅威：T (Threat)

出所：筆者作成

②　4要素の組み合わせから方向性を示す

　内部環境を構成する要素（強み，弱み）と，外部環境を構成する要素（機会，脅威）を組み合わせることにより，企業を取り巻く環境変化に対応した方向性を示すことができる。一般的には，クロス SWOT 分析と呼ばれる（**図表4-2**）。

　自社の強みをさらに伸ばす方向性として，（1）自社の強みが活用できる市場機会を見つけ，そこにアプローチする［S×O］，（2）自社の強みを活かして市場の脅威から回避する［S×T］を優先的に選択することが望ましい。

（図表4-2）　クロス SWOT 分析　4要素の組み合わせ

		外部環境	
		機会：O	脅威：T
内部環境	強み：S	S×O 強み×機会	S×T 強み×脅威
	弱み：W	W×O 弱み×機会	W×T 弱み×脅威

出所：筆者作成

　ただし，注意点として，福沢が指摘する SWOT 分析の限界を踏まえた SWOT フレームワークの活用が求められる（福沢［2020］47-48頁）。

(1)　SWOT 分析で書き出した項目の中身は正しいかを疑うことである。本当
　　に強みなのか，それを判断するためには，経験・実践しないと検証できない。
(2)　強み・弱みの評価は，現時点での組織の強みを考慮する必要がある。環境
　　が変化すれば，自社の強みがいつまでも強みのままである保証はない。
(3)　SWOT 分析は，項目の優先順位は示さない。

1.2　ドメインの設定

　ドメインとは，一般的には「事業の活動領域」と言われ，企業がどの分野で
事業を活動するのかを設定することである。経営資源に限りがある企業にとっ
ては，事業を展開する分野を明確化することは，事業の実現可能性を高める意
味でも重要な意味を持つ。
　また，ドメインの設定には大きく2つの側面があると言われており，「(1)
基本理念・ビジョンといった企業としての"思い"を基に設定する。(2)　環境
分析によって明らかになった企業が置かれている"現状"を踏まえて設定す
る」ことが示されている（**図表4-3**，経営戦略研究会［2008］55頁）。

図表4-3　ドメイン設定の2つの側面

出所：筆者作成

①　ドメインを設定する際に注意すべき点

　ドメインを設定する際には，現在の企業が取り扱う商品・サービスなどの事
業を中心として考えると，ドメインを狭く設定してしまい，企業の活動領域を
狭めてしまうリスクがある。一方，ドメインを広く設定し過ぎた場合は，企業

の活動領域が大きくなり，経営資源に限りがある企業にとっては，経営資源を分散させるリスクがある。事業の選択と集中などにより，企業の身の丈にあった活動範囲を設定することが望まれる。

　また，顧客ニーズを重視したドメインの設定は，事業の継続には欠かせない。「現在保有している経営資源にとらわれることなく，顧客の視点に立って，『顧客にとってどのような価値を提供しているのか』を考慮に入れてドメインを設定することが重要である」（経営戦略研究会［2008］57頁）。

② 具体的なドメインの設定（3つの要素）

　代表的なドメインの定義としては，「エーベルが提唱した顧客層，顧客機能，技術の3つの次元による規定」がある（大滝ほか［2006］42頁）。また，事業領域の設定では，「どのような顧客集団の，どのようなニーズを特定し，それに対してどのような独自技術で対応するか」を示している（和田ほか［2000］43頁）。

　ドメイン＝事業領域であることから，ドメインを設定する際には，「誰に」「何を（ニーズ）」「どのように（独自技術）」の3つの要素を具体的に定義することが求められる（図表4-4）。(1)　誰に：どのような顧客に提供するのか，

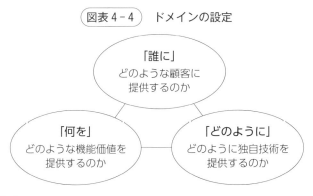

図表4-4　ドメインの設定

「誰に」
どのような顧客に
提供するのか

「何を」
どのような機能価値を
提供するのか

「どのように」
どのように独自技術を
提供するのか

出所：筆者作成

(2) 何を：どのような機能価値（商品やサービスなど）を提供するのか，(3)
どのように：どのように独自技術を提供するのか，で検討することが望ましい。

1.3　4P分析

4Pは，「Product：製品」「Price：価格」「Place：流通チャネル」
「Promotion：プロモーション」の頭文字で示されるマーケティング要素である。
4P分析とは，4つの要素の組み合わせにより，マーケティング活動を実施す
るツールである（**図表4-5**）。

図表4-5　4Pの要素

製品：Product	顧客に提供する商品
価格：Price	商品の販売価格
流通チャネル：Place	顧客に商品を届ける経路
プロモーション：Promotion	顧客に商品サービスを正確に伝達し，購入してもらうためのコミュニケーション活動

出所：筆者作成

また，4つの要素の組み合わせとして，2つの視点からの整合性が求められ
る。具体的には，(1) 商品・サービスを提供する想定顧客と4Pとの整合性で
ある。例えば，高齢者を対象にSNSツールなどで商品訴求しようとしてもな
かなか届かないことが想定される。(2) 4P間の整合性である。高級店におい
て安価な商品・サービスが提供されると怪しく感じてしまうことがあげられる。

① **製品：Product**

顧客に提供する商品のことである。製品以外にも，商品保証やアフターサー
ビスなども含まれる。自社の強みを活かした商品や想定顧客のニーズを踏まえ
た商品（デザイン，品質，機能，ブランドなど）であることが求められる。

② 　価格：Price

　商品の販売価格のことである。コスト，需要，競合他社などの影響を考慮したうえで，価格設定を行う必要がある。価格設定の方法には，(1)　原価志向：製造原価にて判断すること，(2)　需要志向：需要状況や顧客のイメージにて判断，(3)　競争志向：競合他社の価格にて判断することがある。また，想定顧客が許容できる価格帯であることにも留意が必要である。

③ 　流通チャネル：Place

　顧客に商品を届ける経路のことである。顧客への提供方法は，(1)　直営店販売，(2)　卸経由による小売店販売，(3)　インターネットなどによる通信販売，などがある。また，流通経路には，(1)　人を介した経路：接客，訪問販売など，(2)　情報媒体を介した経路：インターネットやテレビ，カタログなど，(3)　場所を介した経路：店舗や自動販売機など，がある。想定顧客に確実に届く経路を選定することが求められる。

④ 　プロモーション：Promotion

　顧客に商品サービスを正確に伝達し，購入してもらうためのコミュニケーション活動のことである。伝達手段としては，広告，販売促進，人的販売，パブリシティなどがある。顧客に商品を知ってもらい，その商品が欲しいと思ってもらうためには，想定顧客への一貫したプロモーション活動は欠かせない。

2　小売業事例をフレームワークで分析する

　ここでは，2つの小売業の事例について，「SWOT分析」「ドメイン」などのフレームワークを使いながら説明を行う。是非，ここで皆さんに考えてほしい。「なぜ，経営者はこのような取り組みを選択したのだろうか」。フレームワークで整理された事例内容をもとに，経営者がそれを行わなければならな

かった理由（根拠）を深く考えてほしい。

2.1 多店舗経営にて幅広い品揃えを実現する店舗

　地域型商店街内にある老舗小売店の事例である。「商店街に買い物に来るお客さんに便利に使って欲しい」という経営者の思いを実現させるために，幅広い品揃え形成を重視しつつ，週3回の配送サービス，不用品回収サービスなど，地域住民の特性を把握したさまざまなサービスを展開している。

　顧客ニーズに対応した幅広い品揃え形成の実現は，そこに行けば何でもそろうというイメージを抱かせ，店舗の来店頻度を高める効果が期待できる。

① 概要

　駅近隣の商店街内にある老舗の小売業。商店街内にて「キッチン・インテリア用品店」「陶器店（ギフト販売）」「ペットフード店」「100円ショップ」の4店舗を営んでいる。経営者は，商店街に買い物に来るお客さんに「便利」に使って欲しい，という考えを抱いている。

　主要な顧客は，高齢の女性が大半を占めており，近年，常連客の高齢化の進展により，経営者は新たな顧客獲得を模索している。

② 企業の沿革

　1907年（明治40年）に大工職と煙草販売業として創業する。その後，建築資材販売，家庭日用品（荒物・金物・硝子）販売，燃料・調味料販売，と業容を順次拡大し，現在は，商店街内にある老舗の小売業として，4店舗を経営している。

③ 当社を取り巻く環境

　業界動向としては，近隣のスーパーやホームセンターなどの競合が激しさを増しつつあり，さらに商圏内の人口も減少傾向にある。それに伴い，売上も減少傾向にあることから，商店街への集客を高めるためイベント等の施策を積極的に実施している。一方，「100円ショップ」の来店客数は多い傾向にある。

　また，顧客ニーズに対応した豊富な品揃えを維持しており，商品在庫は増加傾向にある。

④　店舗の取り組み

　経営者は「地元の人に便利に使ってもらいたい」との思いが強く，今日の多店舗経営の原点となっている。「キッチン・インテリア用品店」「陶器店（ギフト販売）」「ペットフード店」「100円ショップ」の多店舗経営により，幅広い品揃え形成を担うとともに，週3回の配送サービス，不用品回収サービスなど，地域住民に寄り添った事業を実施している。経営者としては，4店舗間をお客様が回遊できる共通販促などの強化を希望している。

　また，ペットフード店には，多くの常連客が存在するが，高齢化が進展している。一方，常連客のペットコミュニティは情報を拡散させやすい傾向が強い。現在は，長年務める従業員1名でペットフード店を運営している。常連客にあわせた仕入を行うことで高い顧客満足を維持しているが，仕入れタイミングは従業員の経験と勘に頼っている。経営者は，ペットフード店の新規顧客の獲得を希望しているが，なかなか難しい状況にある。

　経営者は，自らの思いを「経営ビジョン」として示した（**図表4-6**）。

図表4-6　「経営ビジョン」のイメージ

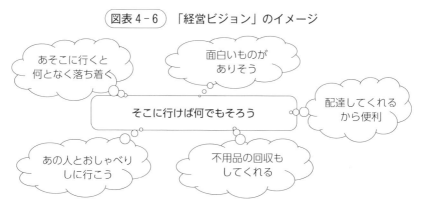

あそこに行くと
何となく落ち着く

面白いものが
ありそう

そこに行けば何でもそろう

配達してくれる
から便利

あの人とおしゃべり
しに行こう

不用品の回収も
してくれる

出所：筆者作成

　経営者は，「経営ビジョン」の実現に向けて，専門家とともに検討を進めることにした。⑴　まずは，企業を取り巻く環境の状況把握として，SWOT分析を行った。⑵　次に，SWOT分析の結果より，自社の「強み」をさらに伸ばす取り組み，自社にとって有利な「機会」を活かした取り組みなどの検討を行った。⑶　これらの検討を踏まえ，企業の方向性を具体的に示す「ドメイン」の設定を行い，最後に，その「ドメイン」を実現させる取り組みとして，店舗戦略を計画した（**図表4-7**）。

2.2　こだわりのある商品の品揃え事例

　次は，地域型商店街内にある老舗酒販店の事例である。この店舗では，他の店舗では取り扱えないこだわりのある酒類を蔵元から直接に取り寄せ，店頭販売している。このような品揃えは，他店との差別化に寄与する。さらに，他店では取り扱えない地酒の品揃えは，遠方からのお客様の来店を促す効果が期待できる。

① 　概要

　駅近隣の商店街内にある老舗の酒販店である。創業当初から米への思い入れは強く，店頭の精米機にて来街者に米販売も行う。品揃えとしては，ワイン，日本酒，ビール等のこだわり商品が豊富にあるが，一部食品等も取り扱うことから品揃えの絞り込みを計画中である。酒類の得意先は100社程度。近年では精米機の入替えを行い，一般の顧客以外に酒類の得意先（特に飲食店）への米販売を考えている。

　経営理念は「撤退と深化」を掲げる。5カ年計画では，事業継承を視野に商品の品揃えを再構築する計画である。

② 　企業の沿革

　1913年（大正2年）に，堂島へ米を出荷する米屋として創業した。戦前に一度米の取り扱いを止め，酒屋の事業を行うが，法律改正により再度，米販売免

経営戦略策定プロセス

社長の思い
地元の人に便利に使ってもらいたい

経営ビジョン
欲しいものがきっと見つかる百貨店

SWOT 分析

	プラス要素	マイナス要素
内部環境	強み（Strength） ・顧客の欲しいものを追求する姿勢 ・社長の人柄 ・成熟した従業員 ・地元の女性高齢者を中心としたリピーターの存在 ・イベントへの積極的な姿勢	弱み（Weakness） ・店舗間の独立性の高さ ・従業員のノウハウ共有ができていない ・店舗に入りづらい雰囲気 ・認知度の低さ ・衝動買いを促せていない状態 ・新規顧客を獲得できていない
外部環境	機会（Opportunity） ・人通りの多い商店街 ・顧客の高齢化に伴う接客ニーズの高まり	脅威（Threat） ・競合他社の存在 ・雨の日や夜間の人通りの少なさ ・顧客の高齢化による商圏人口の先細り

ドメイン設定	
誰に	地元の方々に
何を	喜ばれる生活雑貨を
どのように	温もりのあるサービスとともに提供していく

店舗戦略（機能戦略）
1）全店舗を対象とした「配達サービスの充実」の提案 2）4店舗を回遊させる「共通クーポン券」の提案 3）ペットフード店の常連客への「紹介割引制度」の提案

出所：筆者作成

許を取得する。

　低価格化に対応するため，競争大手チェーン店に加入するも脱会，その後，地酒を中心にこだわりがある品揃えを重視した店舗業態に特化する。

　また，その当時では珍しく，白米の仕入れから，店頭にて玄米から精米する販売方法に変更したことで，得意先から好評を得ることに成功した。近年では最新の精米機を導入することで，こだわりの米を顧客に提供している。

③　当社を取り巻く環境

　業界動向としては，一般的なビール，焼酎の全体的な売上は減少傾向にある。日本酒ブームが到来しつつあるが，いまだ近郊の飲食店では，焼酎を中心とした品揃えが多い。今後の日本酒ブームの到来を見越して，こだわりのある地酒の積極的な提案を計画している。

　一方，近隣のスーパーでは，ビールの特売が頻繁に行われ，顧客からは価格帯が割高と感じられる傾向がある。

④　当店での取り組み

　他店では入手困難な地酒など，豊富な品揃えが強みである。一時期は売れるものを重視した品揃えの時期もあったが，早い段階で積極的に蔵元を訪問したことで，信頼関係を築くことができ，こだわりのある地酒の取り扱いが可能となった。現在では，蔵元と直接特約契約を締結しており，地酒を直接販売できる強みを持つ。

　今後は他店と比べさらに差別化した品揃えを目指し，付加価値の高い酒類の販売に特化していく計画である。一方，豊富な品揃え（ビール，ワイン，焼酎，日本酒，ウィスキーなど）を店頭陳列しているが，他の店でも扱える一般的な商品は，同業他社やスーパーなどの価格競争に巻き込まれることを危惧する。

　米販売については，昨今の健康志向も踏まえ，玄米による店頭精米（玄米比率100％）を行っている。おいしいお米の販売により，当店のお米へのこだわりは，顧客から高い支持を受けている。

　経営者は，経営理念である「撤退と深化」を「経営ビジョン」として示した（**図表**4-8）。その後，経営ビジョンの実現に向けて，専門家とともに，企業の方向性を具体的に示す「ドメイン」の設定を行った。そして，その「ドメイン」を実現させる取り組みとして，店舗戦略を計画した（次頁**図表**4-9）。

図表4-8　「経営ビジョン」のイメージ

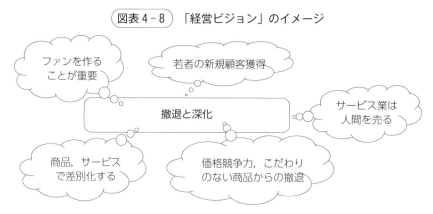

出所：筆者作成

（図表 4 - 9）　経営戦略策定プロセス

基本理念
撤退と深化

SWOT 分析

		プラス要素	マイナス要素
内部環境		強み（Strength）	弱み（Weakness）
		・豊富な差別化された品揃え ・社長の豊富な見識 ・広い店舗 ・多数の飲食店固定取引先 ・飲食店へのメニュー提案力 ・蔵元との友好な関係 ・宅配余力 ・イベント企画力 ・新精米機の保有	・在庫量の多さ ・商品管理体制 ・これまで業務用米取引に消極的 ・近隣競合店に比べ値段が高いイメージ
外部環境		機会（Opportunity）	脅威（Threat）
		・蔵元からの新ブランド酒引き合い ・日本酒ブームの到来 ・人通りの多い商店街での立地 ・近隣コーヒー豆競合店の撤退 ・ネット検索後の実店舗来店者の増加 ・大学が近い ・工場の多い地域性	・若者の酒離れ ・日本人の米離れ ・近隣住民の高齢化 ・ビール，焼酎の人気低下 ・スーパーなど近隣の低価格店の存在

ドメイン設定	
誰に	関連商品（米，お酒）にこだわりを持つ人に
何を	当店のこだわりの付加価値のある米関連商品を
どのように	その良さを顧客が納得し，ファンになってもらう

店舗戦略（機能戦略）
1）店内にコミュニケーションスペース設置の提案 2）酒類に関するセミナー開催の提案

出所：筆者作成

3　現場におけるフレームワーク活用の実際

3.1　フレームワークは,「もろ刃の剣」

　一般的には広く知られているフレームワークは納得性が高い。例えば,フレームワークの項目に過不足があるか,などの議論をする余地はなく,誰からも納得されやすいツールとして知られている。過去の知見を踏まえた結果であり,もれなくダブりない（MECE）項目で構築されているツールである。

　ということは,「フレームワークの項目をしっかりと埋めれば,何かしらの形を作り上げることができる」という罠に陥りやすい点に留意が必要である。

　実際にワークショッでフレームワークを活用して議論する場合は,フレームワークの項目を埋めることが目的となってしまう傾向にある。

　筆者は,社会人や学生などを対象に,グループワーク形式で複数人から意見を出し合ってもらい,フレームワークを活用するワークショップを行っている。例えば,具体的な企業の方向性を示す「ドメイン」を設定するために,SWOT分析のフレームワークを使って環境分析を行うケースなどである。

　参加者は,SWOT分析のフレームワークである4項目（強み・弱み・機会・脅威）を埋めることから始める。自社の内部環境「強み」「弱み」は競合他社と比べながら抽出を行い,そして,自社がコントロールできない外部環境「機会」「脅威」は,世の中の動向（政治,環境,社会,技術）など,さまざまな参考文献などから調査した内容をもれなくダブりなく組み込むことに一生懸命になり,時間を使い果たしてしまう。実際に,参加者のグループ同士で意見発表をするときに,参加者は気づくことが多い。「フレームワークの項目についての内容説明はしっかりできるが,そこからどのような方向性が導き出せるのかを示すことができない」。

　つまり,いつの間にかフレームワークを「埋めることだけ」が目的となり,フレームワークを活用して,「どのような方向性を導き出すか」という目的が

見失われてしまっている。

　フレームワークは，納得性は高いがゆえに，フレームという形の項目さえ埋めれば，正しい結果が導き出せるという思い込みが起きてしまう。

　では，このような落とし穴にはまらないようにするには，どうすればいいのだろうか。

① 　ただ単に，フレームワークの項目を埋めてしまうことが目的ではない

　何を導き出すのか（導き出せるのか）という「方向性」を設定することを目的として捉え，なぜ，その内容が必要なのかなど，常に意識しながら内容を検討することが重要となる。前節の小売業事例でもあったように，何を導き出すのかという視点（方向性）では，「経営者の思い」を具体的に実現させることに繋がっている。迷ったときには，経営者の考えを再確認することから始めるのが近道である。

② 　企業を取り巻く環境は，それぞれ異なる

　フレームワークをそのまま流用するのではなく，企業が展開する事業に関連する項目に切り口を置き換えるなどの創意工夫を考えてほしい。例えば，３Ｃ分析（市場・自社・競合）という切り口は，小売業を営む企業にとっては，「市場」＝「顧客」という視点に絞り込んで考えたほうが具体的なイメージが共有しやすくなる。前節の小売業事例では，地域住民の顧客ニーズに対応することで，顧客との長期的な信頼関係を築くことを目指していた。具体的には，経営者の思いとして「地元の人に便利に使ってもらいたい」などがあげられており，顧客満足度を高める戦略を重視する姿勢がうかがえる。

　このようにフレームワークにもメリット・デメリットは存在する。その意味からも，フレームワークは「もろ刃の剣」であるとつくづく思う。特徴をしっかりと理解したうえで，フレームワークを活用することが大切である。

3.2　何を導き出すのか。自分の思考を疑ってみる

　前項では，何を導き出すのかという視点（方向性）＝「経営者の思い」を具体的に実現させることである，と述べた。ここで陥りやすいのが，自分の考える方向性にもって行きたいために（最終的な方向づけを示したいために），その根拠となる情報だけを集めて，フレームワークの項目を作り上げてしまう恐れがあるということである。

　例えば，SWOT 分析では，「強み」と「機会」を掛け合わせた方向性を示すことで，実現可能性が高くなることが知られている。ということは，その方向性を意図的に作り上げるために，それに関連する「強み」「機会」だけの内容を示すことで，一貫性を表すことはできる。

　ここで注意しなければならないのは，本人に意図はなくても，一人で考えてつくりあげることは，自分の思い込みや思考の偏りに陥る危険性があることである。できる限り，さまざまな人達と意見交換をしながら，フレームワークの内容を確認する方法がより客観性が増し，思考の偏りを防ぐ意味でも有効である。

　筆者は，社会人や学生などに，ドメインなどの方向性を導き出すために，グループワーク形式で複数人から意見を出し合ってもらい，環境分析，成長戦略，競争戦略などのフレームワークの活用方法を指導している。実際に，グループワークを行うと，社会人や学生からは，「他の方の意見を知ることで，自分の考えの偏りを知る機会となった」などの意見を多く聞くことができる。多様な意見を吸収することで，自分では考えつかなかったことが認識できるようになるなど，副次的な効果も期待できる。

3.3　各フレームワークには，「繋がり」と「一貫性」がある

　経営戦略では，戦略を策定するためにさまざまなフレームワークが存在する。環境分析では，「３Ｃ分析」「SWOT 分析」「PEST 分析」「バリューチェーン分析」などがあり，成長戦略では，アンゾフの「成長ベクトル」，競争戦略で

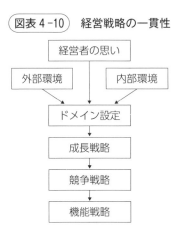

図表 4 -10 　経営戦略の一貫性

```
経営者の思い
外部環境    内部環境
ドメイン設定
成長戦略
競争戦略
機能戦略
```

出所：筆者作成

は，ポーターの「3つの基本戦略」が有名である。

　これらのフレームワークは個別に存在するのではなく，各フレームワークには，繋がりがあり，一貫性があることが重要な点である（**図表 4 -10**）。

　経営者の思いを実現させるためには，従業員が自ら行動できるレベルまで，具体的に計画することが不可欠となる（スローガンだけでは，人は動かない。どのように動けばいいのか，組織や従業員の行動計画が伴わないと動きようがない）。経営者の思いを具体的な行動計画に落とし込むための流れとして，成長戦略⇒競争戦略の戦略フレームワークが存在する。

①　成長戦略⇒競争戦略

　ここでは，成長戦略と競争戦略の有名なフレームワークとして，アンゾフの「成長ベクトル」，ポーターの「3つの基本戦略」の縦軸，横軸となる項目を確認する。成長戦略での「成長ベクトル」では「市場」と「製品・サービス」の2軸で企業の方向性を示す。競争戦略での「3つの基本戦略」では，「ターゲットの幅」と「競争優位性」の2軸で競合他社とのすみわけを示している。これらの2軸で共通する点として，「外部環境」「内部環境」の項目が言葉を換

図表4-11　成長戦略「成長ベクトル」，競争戦略「3つの基本戦略」

成長戦略「成長ベクトル」

		製品（既存）	製品（新規）
		内部の視点	
		既存	新規
市場	既存	市場浸透	新製品開発
	新規	新市場開拓	多角化

外部の視点

競争戦略「3つの基本戦略」

		低コスト	差別化
		内部の視点：自社の強み	
		競争優位	
対象市場	広い	コストリーダーシップ	差別化戦略
	狭い	集中戦略	

外部の視点

出所：筆者作成

えて，利用されていることに気づくことが大切である。

　例えば，競争戦略の「ターゲットの幅」は「市場」の大きさを示しており，企業でコントロールできない外部環境と捉えることができる。また，競争戦略の「競争優位性」は他社に比べ圧倒的な強みと解釈されるが，これは成長戦略の「製品・サービス」も包括することから，企業でコントロールできる内部環境の項目と捉えることができる（**図表4-11**）。

　つまり，図表4-10で示されているように，「外部」「内部」が上から下まで一気通貫する形として，成長戦略や競争戦略のフレームワークが構築されているのである。

②　SWOT分析⇒ドメインの設定⇒4P分析

　「SWOT分析」から「ドメイン」設定の流れにおいても，同じことが言える。前節の小売業事例でもあったように，「ドメイン」の設定では，SWOT分析から抽出された「強み」と「機会」を掛け合わせた方向性を示している。SWOT分析からドメインの設定まで一貫性が保たれていることで，より納得度が高まることがわかる。

78

図表 4 -12　ドメイン⇒４Ｐ分析の繋がり

出所：筆者作成

　また，ドメインの設定では，「誰に」「何を」「どのように」の３つの視点で具体的に示している。ここでは，「誰に」＝顧客，「何を」＝製品・サービス，ということは容易に想像がつくが，「どのように」では，どこまで検討すべきか，もれなくダブりなくするには，どのような内容が必要となるのか。判断に迷うであろう。

　そこで，マーケティング戦略の４Ｐ分析を思い出し，活用してほしい。顧客に商品を提供する方法として，４Ｐ（製品：Product，価格：Price，流通チャネル：Place，プロモーション：Promotion）から構成されているツールである。この４Ｐ分析の商品以外の３項目（価格，流通チャネル，プロモーション）をドメインの「どのように」部分の切り口として考えることで，具体的に検討しやすくなる。さらに，もれなくダブりのない状態として，納得性が高まることも期待できる（**図表 4 -12**）。

　このように，各フレームワークは，何かしらの形で繋がっているという視点で見ると，新たな発見に繋がるであろう。

3.4　環境分析やドメイン設定をする本当の狙い

　フレームワーク分析では，環境分析やドメイン設定を厳密にしっかり行うことに注力しがちであるが，それらが策定できた場合でも，それが本当の狙いとは言えない。では，企業は何のために環境分析やドメイン設定などのフレームワーク分析を行うのだろうか。筆者は，「課題を抽出すること」が，本当の狙いであると考える。

　つまり，企業が持続するためには，日々の成長は欠かせない。そして，成長し続けるには，課題を見つけ出し，課題解決に向けて，日々創意工夫していくことが求められる。このように，成長を継続し，スパイラルな形で発展を遂げ続けるには，適切な「課題」を認識することが重要となる。

　具体的には，環境分析（＝企業を取り巻く現状把握），ドメイン設定（＝具体的な方向性）を行うことで，そのギャップを表面化することができ，対処が可能となる。そのギャップこそが「課題」である。よって，「課題を抽出するため」に，環境分析やドメイン設定を行っていると言える（**図表4-13**）。

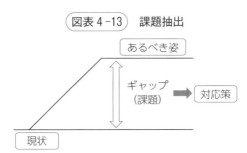

(図表4-13)　**課題抽出**

1）現状を把握する環境分析を行う。
2）今後のあるべき姿（なりたい姿）を具体的にイメージするためにドメインを設定。
3）そのギャップが「課題」となる。

出所：筆者作成

　前節の小売業事例でもあったように，ペットフード店の新規顧客獲得，地酒の提案強化などの対策は，「SWOT分析」より認識した企業を取り巻く現状と「ドメイン」のあるべき姿とのギャップから，表面化された課題であることがわかる。企業にとっては，これらの課題を解決するための施策を実施することで，「ドメイン」のあるべき姿に近づけていくことが期待できる。

　最終的には，課題が抽出できなければ，環境分析やドメイン設定は意味がないことを認識してもらいたい。

第4章のまとめ（自分を見つめるチェックリスト）

- ☐ フレームワークの項目を埋めることに注力していませんか？
- ☐ なぜ，その項目が必要なのか，しっかりと説明することができますか？
- ☐ 「経営者の思い」を実現する方向性で検討ができますか？
- ☐ フレームワークの切り口にこだわりすぎていませんか？
- ☐ 自分の思い込みや思考の偏りに陥っていませんか？
- ☐ 他の方の意見に耳を傾けることができますか？
- ☐ 現状分析の内部環境は，企業がコントロールできる項目となっていますか？
- ☐ 現状分析の外部環境は，企業がコントロールできない項目となっていますか？
- ☐ ドメインの設定では，「誰に」「何を」「どのように」の3つの視点で具体的に示していますか？
- ☐ 企業が継続していくために，常に「課題」を抽出することができますか？

経営戦略立案や個人の会計情報の理解に役立つ定量分析力

Point

　定量分析は企業が意思決定をするために，財務諸表（貸借対照表や損益計算書など）をもとに行う。数字を活用して，企業の課題を見つけることができる。財務諸表の作成は，企業の経理部などの部門で行われ，専門的な知識を有する業務である。企業内ではスムーズな会計業務の遂行が重要で，そのためには会社規模に適した組織体制が重要である。

　会計業務に関しては，簿記の知識が基本となる。最低限，日商簿記3級の知識があると望ましい。会計には外部報告用の会計（財務会計）とマネジメント用の会計（管理会計）がある。会計情報を企業独自に分析することで，経営戦略の立案等に役立たせることができる。個人の立場でも，会計情報の意味を理解することで，戦略の深い理解や，企業の状況把握が可能となる。

1　定量分析力とは

　本章では，財務諸表を用いて行う定量分析について説明する。さらに財務諸表を企業内で作成する際の流れや気を付けたいこと，財務諸表を企業経営に活かしていくためのポイントを紹介する。

1.1　定量分析と定性分析

　企業経営には，意思決定をする機会がたくさんある。例えば，新しい事業分野に進出する時，設備投資を検討する時，従業員を採用する時など意思決定が必要となる。このように意思決定を行う場合の前提条件や規模の大きさはさまざまであるが，企業では，日常的に何らかの意思決定を連続している。

　では，企業経営の意思決定はどのように行われるのだろうか。直感や経験ももちろん重要な要素ではあるが，特に重大な意思決定を行う場合には，合理的な根拠が大切となる。合理的な根拠とは，現状をしっかりと認識して課題がどこにあり，その課題を補うためには，どのような資源が必要で，実現することによってどのような効果をあげることができるのか。この一連の流れが数字で根拠を持って，具体的に示されるほど合理的であるといえる。

　企業経営の意思決定に役立つ分析手法としては，「定量分析」と「定性分析」があげられる。両者の違いは，分析に数値を使うか否かである。分析に数値を使う場合が「定量分析」である。数値以外の要素で分析する場合が「定性分析」である。いずれも現状の企業の状態を把握し，何らかの意思決定を行うときに有効な方法として使われる。

　「定量分析」は，基本的に過去の情報に基づく分析で，数値を用いて分析を行うため客観的なデータに基づく分析である。一方，定性分析は，過去の数値のみならず大局的な視点で分析ができるため未来志向な分析ができるが，数字以外のデータを元に判断することから，定量分析と比べて，客観性に欠ける部分がある。**図表5-1**のように，両者のメリットとデメリットは表裏一体の関

図表5-1　定量分析と定性分析の対比

分析手法	メリット	デメリット
定量分析 (数値による分析)	・客観的なデータを基に分析できる	・過去の情報に基づく分析になる
定性分析 (数値以外で分析)	・大局的な視点から分析でき，過去に捉われない分析ができる	・客観性に欠ける

出所：筆者作成

係にあり，定量分析のデメリットは定性分析によって補うことができ，定性分析のデメリットは定量分析によって補うことができる。

1.2　財務諸表の概要

　定量分析の基本となるのが財務諸表である。財務諸表は企業の健康診断書ともいわれ，企業の現在の健康状態を示すものである。すなわち，企業経営が良好か否かを見極めることができる。経営者として企業経営に直接関わる場合だけではなく，従業員として企業に勤務する場合も，企業の経営状況，健康状態を見極めることは重要となる。そのため，経営者に限らず，すべての社会人にとって，財務諸表を理解することは大切なことである。

　一般的に財務諸表と呼ばれているものとして「貸借対照表」，「損益計算書」，「キャッシュフロー計算書」，「株主資本等変動計算書」などがある。中でも特に重要度合いが高く，定量分析に関連するものが「貸借対照表」と「損益計算書」である。次に，貸借対照表と損益計算書の概要を説明する。

⑴　貸借対照表

　貸借対照表とは，企業の一定時点における財政状態を示すものである。企業が所有するプラスの財産とマイナスの財産が記載され，その差額として純財産がどれだけあるかが記載される。プラスの財産の代表的なものが「現金預金」であり，マイナスの財産の代表的なものが「借入金」いわゆる借金である。現金預金や借入金などの項目（表示科目）ごとにそれがいくらあるのか金額が記

載される。

　貸借対照表の構成は，**図表 5 - 2**のとおり，左側が「資産の部」，右側が「負債の部」と「純資産の部」である。左側の資産の部には，企業が所有する現金預金などのプラスの財産が記載される。右側は負債の部に借入金などのマイナスの財産が記載され，純資産の部は資産の部と負債の部の差額が記載される。したがって，資産の部と純資産の部は金額が多い方が好ましく，負債の部は金額が少ない方が好ましい。

　また別の観点として，貸借対照表の左側は企業が事業活動を行うために使用する財産であり，右側の負債の部と純資産の部はその財産を取得するための資金の調達方法を表すことになる。資金の調達方法には，金融機関からお金を借りたときのように返済義務がある場合と株主から出資を受けたときのように返済義務がない場合がある。資金の調達方法という観点で貸借対照表の右側を見たときに返済義務を有するものが負債であり，返済義務を有しないものが純資産となる。

（図表 5 - 2）　貸借対照表の構成

貸借対照表
令和〇年〇月〇日

資産の部	負債の部
流動資産	流動負債
	固定負債
固定資産	純資産の部
	株主資本
繰延資産	

出所：筆者作成

　さらに，資産の部と負債の部は「流動」がつくものと「固定」がつくものに分類される。分類の基準は，資金の換金可能時期と返済期限である。

　プラスの財産である資産については換金可能時期が 1 年以内になるものが流動資産，そうでないものが固定資産となる。一方，マイナスの財産である負債については，返済期限が 1 年以内のものが流動負債，そうでないものが固定負債となる。このように資金の換金と返済の時期によって資産と負債は流動と固定に区分がされる。

(2)　損益計算書

　損益計算書とは，企業の一定期間における経営成績を示すもので，事業活動の成果を示す利益を計算するものである。1 年間でいくら儲かったのか，またはいくら赤字になったかを知ることができる。

　損益計算書は，「収益」と「費用」が記載され，その差額によって利益が計算される。「売上高」を代表とする収益は利益の計算上プラスとなるもの，「売上原価」を代表とする費用は利益の計算上マイナスとなるものである。

　構成は，次頁**図表 5 - 3** のとおり，「経常損益の部」と「特別損益の部」に分けられ，さらに経常損益の部は「営業損益」と「営業外損益」に細分されている。営業損益には，その企業の本業に関する事項が記載され，営業外損益は本業以外の活動であるが経常的に発生する事項が記載される。そして，特別損益の部は，臨時的な活動に関する事項が記載される。すなわち，企業の活動を①本業，②本業以外であるが経常的な活動，③臨時的な活動の 3 つに分け，活動区分ごとに記載していく。

　そして，損益計算書の最大の特徴は，利益を活動区分別に段階的に計算できることである。段階的に 5 つの利益を示すことにより，企業がどのような活動によって利益を生み出しているのかを知ることができる。以下，利益ごとにその意味合いを示す。

（図表5-3） 損益計算書の構成

損益計算書
自：令和〇年〇月〇日
至：令和〇年〇月〇日

経常損益の部	
（営業損益）	
売上高	
売上原価	
	売上総利益
販売費及び一般管理費	
	営業利益
（営業外損益）	
営業外収益	
営業外費用	
	経常利益
特別損益の部	
特別利益	
特別損失	
	税引前当期純利益
法人税等	
	当期純利益

出所：筆者作成

① 売上総利益

売上高から売上原価を差し引いた利益で，その企業の商品力を表す。

② 営業利益

売上総利益から販売費及び一般管理費を差し引いた利益で，本業により獲得した利益を表す。

③ 経常利益

営業利益から営業外収益と営業外費用を加減算した利益で，経常的な事業活動の成果を表す。

④　税引前当期純利益

　経常利益から特別利益と特別損失を加減算した利益で，企業のすべての活動を加味した成果を表す。

⑤　当期純利益

　税引前当期純利益から企業が支払う法人税等を差し引いた最終的な利益を表す。

　このように利益が持つ意味合いを正しく理解し，企業がどのように利益を獲得できたのか理解することが大切である。中でも，営業利益や経常利益は新聞やニュースなどでもよく出てくるものなので，企業経営に関わる社会人としてその違いを理解していただきたい。

1.3　会計情報を用いた定量分析

　貸借対照表や損益計算書は，事業活動の成果が数値で示される。財務諸表は一定のルールに従い，すべての企業が作成しなければならない。しかし，多くの企業では財務諸表を作成するのみに留められ，分析され，企業経営の発展に向けて活用されていない場合がある。貸借対照表からは，企業が所有する財産や返済が必要な負債がいくらあり，純資産がいくらあるかなどの情報を読み取ることができる。また，損益計算書からは，費用を分析することで，儲かる仕組みなどの基本的な情報を読み取ることができる。

　このように，財務諸表を分析することを通して，パッと見ただけでは読み取れない部分の情報を整理し，企業経営に活用するために，財務分析とよばれる会計情報を用いた定量分析の手法を身につけることが重要である。次に，基本的な財務分析の手法の説明をする。

⑴　流動比率

　流動比率は，貸借対照表の流動資産の流動負債に対する割合であり，企業の

短期的な債務の支払い能力（短期安全性）を見ることができる。流動資産は1年以内に換金されるプラスの財産であり，流動負債は反対に1年以内に返済が必要なマイナスの財産である。したがって，1年以内に返済が必要な流動負債が1年以内に換金される流動資産によってどの程度賄えているかを示すことになる。計算方法は，以下のとおりである。

流動比率(%)＝流動資産／流動負債×100

流動資産の方が多ければ100％を上回り，流動負債の方が多ければ100％を下回ってしまう。流動比率は100％を超えていれば，短期的な支払い能力は高く，短期的に安全性が高い状態とされる。

(2)　自己資本比率

自己資本比率は，貸借対照表の負債と純資産を合計したもののうち純資産の割合であり，企業の長期的な安全性（長期安全性）を見ることができる。負債は資金の調達方法のうち返済が必要なもので，純資産は返済が不要なものである。したがって，資金調達方法のうち，返済が不要な純資産が全体の中でどの程度占めるかを示すことになる。計算方法は，以下のとおりである。

自己資本比率(%)＝純資産／（負債＋純資産）×100

返済が不要な純資産の割合が高ければ，自己資本比率は高くなり，長期的に経営状態が安定しているといえ，倒産しにくい状態とされる。

(3)　利益率

利益率は，損益計算書の売上高に対する利益の割合であり，売上高からどの程度利益として残すことができたのか企業の収益力を見ることができる。利益は前述のとおり，5つの種類があり（売上総利益，営業利益，経常利益，税引

前当期純利益，当期純利益），利益ごとにその計算をすることになる。計算方法は，以下のとおりである。

$$各種利益率(\%)＝各種利益／売上高×100$$

　売上高総利益率は，その企業の商品力を示し，いかにブランド力や競争力が高い商品を販売できているかを示している。営業利益率は，本業による利益の割合を示し，本業の収益力を示している。経常利益率は，経常的に発生する利益の割合を示し，企業の実力を示すとも言われている。税引前当期純利益率は，企業のすべての活動による利益の割合を示し，当期純利益率は法人税等を控除した後の利益の割合を示す。

　財務分析には，流動比率，自己資本比率，利益率の他にもたくさんあり，現状の企業の課題を把握することができる。課題を把握することができれば解決策を検討し，今後の経営戦略を立てる際にも有効となる。また，分析した結果を同業他社と比較，または自社の過年度分と比較することによって更に問題点が明確になりやすく，企業の成長につなげることができる。

2　企業における会計業務の現状

2.1　会計業務の内容

　すべての企業が財務諸表の作成を行っている。財務諸表を作成するためには日々の事業活動のすべてを帳簿に記録することが必要となる。日々の事業活動には，商品を販売することや従業員に給料を払うこと，また文房具を購入することなど多種多様な取引がある。これらすべての取引は，帳簿への記録が必要である。このような業務を会計業務や経理業務とよび，多くの企業では専任の従業員が担当する。

　次に主な会計業務について説明する。会計業務は経理部などの部門で行われ

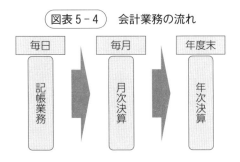

図表5-4　会計業務の流れ

毎日　→　毎月　→　年度末

記帳業務　月次決算　年次決算

出所：筆者作成

るが，これらの部門の主な業務が財務諸表の作成である。財務諸表が作成されるまでの大きな流れは，**図表5-4**のとおり，①日々の取引を帳簿に記録する（記帳業務），②月ごとに財務の状態を確認（月次決算），③年度末のまとめ（年次決算）となる。以下，項目ごとに詳細を示す。

(1)　記帳業務

　記帳業務は，企業のすべての取引を複式簿記の原則により仕訳という形で会計ソフトに入力をすることである。ITが進化した現代では，会計ソフトを使用することが一般的だが，以前は手書きにより伝票や帳簿書類の作成を行っていた。

　売上高や仕入については月締めで請求書を発行，受領することが多いため，月単位でまとめて入力を行うこともあるが，発生の都度行われることもある。これはどのように入力すればより効率的なのか企業ごとに入力方法を検討すべきである。その他，消耗品を購入した場合や従業員の出張旅費の精算などがあれば，その都度会計ソフトへの入力が必要となる。

(2)　月次決算

　毎月の業務となる月次決算では，簡易的に決算を行い，売上高や利益の確認を行う。勘定科目ごとに精査をし，異常値が出ていないか確認することが重要

である。異常値が見つかれば入力ミスや記帳漏れ等がないか確認をする必要がある。

　月次決算は企業の任意である。月次決算は1円単位まで正確な値を導き出すよりも概算金額であっても月次決算が完成する早さが優先される。月次決算の結果を踏まえていち早く改善事項を見つけ出し、次に活かすことが重要なためである。

(3)　年次決算

　年度末には年次決算を行う。年次決算では減価償却費の計上や引当金の計算、収益・費用の整理、税金の計算など年次決算特有の処理が行われる。月次決算とは違い1円単位で正確な値が求められる。完成した財務諸表は外部の利害関係者に公表することや税務署に税務申告用として使われるため正確性が重要となる。年次決算についても、月次決算と同様に完成する時期はできるだけ早い方が良く、正確な情報をいち早く導き出すことが大切である。

　これらの業務は、簿記や税務など専門的な知識が必要となる。そのため、中小企業など企業内だけで業務を完結することが難しい場合は、税理士などの外部の専門家のサポートを受けながら進めることが一般的である。会計業務は専門的な知識を要すること、企業外部の専門家と連携して進めることが多いため、業務がうまく機能している企業とそうでない企業がある。以下、その事例を紹介する。

2.2　会計業務がうまく機能している企業

　会計業務がうまく機能している企業の条件として、まずは会計業務を行うための組織体制が整っていることがあげられる。上述した通り、会計業務は経理部などの部門で行うが、その会社規模に適した人員が配置されていることが大切である。さらにその従業員には少なくとも日商簿記3級程度の知識が備わっている方がより良いといえる。日商簿記3級程度の知識があれば、企業の日常的な取引に対し、必要な仕訳処理をこなすことができる。そして、経理部長な

（図表5-5） 会計の社内ルール例

- 売上や費用の締め日が明確になっている
- 大きな項目（現金預金，棚卸資産，債権債務，固定資産など）ごとの管理方法が明確になっている
- 請求者や領収書などの経理書類の保管方法が明確になっている
- 従業員の経費精算の期限を1週間以内など明確にしている

出所：筆者作成

ど経理業務に関する責任者を指名し，あらゆる局面でチェック体制が整っていることも大切である。

　次に，会計業務に関する社内でのルールがいかに定まっているかという点である。実際にはその企業の業種や規模に応じて異なるが，会計業務全体が明確になるよう設定をする。例えば，最低限でも**図表5-5**のようなルールがあるとよい。

　経理規定として制度化することによって，担当者が退職した場合などでも，スムーズに業務を引継ぐことができ，事業を継続させることができる。

　さらに，税理士などの外部の会計専門家との役割分担も重要である。特に年次決算の減価償却や税金の計算など一部の業務では，高度な専門的知識を要する。中小企業では社内で全ての対応を行うことは難しいため，専門家のサポートを受けながら行うことが多い。ここで重要な点は，企業内で行う業務とアウトソースする業務が明確化され，企業と専門家との役割分担がしっかりとされていることである。

　上記に示したことが満たされていれば，日々の記帳業務から月次決算や年次決算までの流れをスムーズに進めることができる。会計業務全体をスムーズに進めることができればさまざまなメリットが生じる。企業の事業活動の成果として正しく数値として表されれば，財務的な観点からその企業の課題を見つけ出し改善方法を検討することができる。特に月次決算のスピードや精度を高めることによりその年度内ですぐに改善に取り組むこともできる。また，売上高や利益の目標設定もしやすくなり，経営感覚を持ちながら事業を進めることが

できる。

　また，会計業務に十分な人員を確保できず業務を行うための組織体制が整わ
ない場合，記帳業務から年次決算まですべてを会計専門家に依頼することもあ
る。その場合は，会計専門家が取引内容を正しく把握でき，正しい会計処理を
行うことができるようどのような書類を渡せばよいかなど事前によく打ち合わ
せをしておくことが重要である。

　会社規模がある程度大きくなると，会計専門家への委託よりも内製化して社
内で記帳業務，月次決算を完成させた方が好ましい。その理由としては，会計
専門家に委託する場合，毎月書類の引き渡しを行ったとしてもその月が終わっ
てから書類を渡し，それから会計専門家が記帳業務を行うため月次決算が完成
するタイミングは社内で行うよりも遅くなってしまう。書類の引き渡しの頻度
も2ヶ月や3ヶ月に一度の場合もある。月次決算を自社内で作成するか，外部
の専門家が作成するかで，結果に対する数字の見方も変化する。自社内で作成
すれば，項目ごとの精査の水準も高まり，理解度が深まる。

　上記に示した条件が整わず会計業務がうまく機能していない企業は，事業活
動の成果を正しく財務諸表に反映できない可能性もある。最悪の場合，儲かっ
ているのか，赤字になってしまっているかさえも分からないこともある。自社
の経営状態を正しく認識できなければ財務的な観点から企業の課題を見つける
ことができず，それを改善することができないため間違った意思決定を行った
状態で，気づかずに事業を継続してしまうこともある。このように会計業務を
正確に行うことは大変重要なことである。

2.3　会計業務担当の若手社員が気を付けたいこと

　ここでは，会計業務を担当する若手社員，若しくは他部門から突然会計業務
担当に部署異動してきた社員に対して，どのようなことに気をつけながら業務
を行えばよいのか説明する。独自の視点として，初級スキル，中級スキル，上
級スキルに分けて説明を行う（次頁**図表5-6**）。

図表5-6 会計業務のスキル

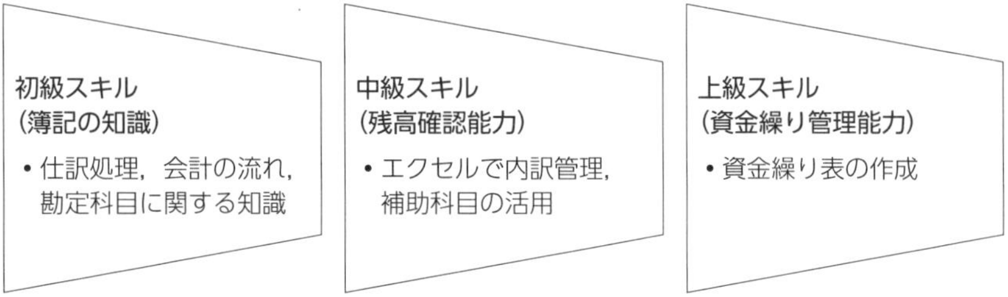

```
初級スキル            中級スキル            上級スキル
(簿記の知識)          (残高確認能力)         (資金繰り管理能力)

• 仕訳処理,会計の流れ,  • エクセルで内訳管理,    • 資金繰り表の作成
  勘定科目に関する知識    補助科目の活用
```

出所：筆者作成

　初級スキルは簿記の知識，中級スキルは残高確認能力，上級スキルは資金繰り管理能力である。

(1)　初級スキル

　会計業務の基本は，「簿記の知識」である。会計業務全般の中で作業量では圧倒的に記帳業務が大半を占めることになる。そのため，記帳業務を行うときに必要な簿記の知識が重要となる。関連資格は，日商簿記検定があるが，最低限3級に合格する知識を有することが求められる。

　簿記では，企業の事業活動の1つ1つの仕訳を行い，その仕訳を会計帳簿に転記して試算表や精算表を作成し，最終的に貸借対照表や損益計算書を作成するまでの一連の流れを勉強するものである。簿記の基本は仕訳になるが，仕訳を考える際に使用する勘定科目には5つのグループがある。簿記の勉強でも会計業務を行うときでも勘定科目の5つのグループを意識することがとても重要である。「資産」，「負債」，「純資産」は貸借対照表に属する勘定科目，「収益」，「費用」は損益計算書に属する勘定科目である。

　例えば，以下に取引と仕訳を示す。

　　　取引→銀行から借り入れを行い普通預金に入金
　　　仕訳→普通預金　××　　/　借入金　　　××

　この取引は、「普通預金」と「借入金」の勘定科目を使用する仕訳となる。普通預金は資産グループ、借入金は負債グループとなり、いずれも貸借対照表に関する勘定科目であり、この取引による金額の変動は貸借対照表でしか起こらず、損益計算書には影響がない取引となる。このようにその取引によって財務諸表のどの部分に影響を及ぼすのか考えながら簿記の勉強を行うとより上達が早くなる。

⑵　中級スキル
　中級スキルは、勘定科目ごとの残高をチェックする能力である。記帳業務を進めることにより残高試算表が完成する。この残高試算表の金額を勘定科目ごとにチェックすることも非常に重要である。記帳業務で初めからすべて完璧に入力できれば残高試算表の金額は正しいものとなるが、実務的には最初から完璧に入力することは難しく、チェックして間違った部分の修正を繰り返すことによって正しい残高試算表を作っていく。
　例えば、普通預金勘定なら通帳の残高と一致するはずであり、売掛金勘定なら取引先ごとの金額を合計したものと一致するはずである。このように残高試算表の金額が実際にあるべき金額になっているか正しく確認できる能力が必要である。
　残高試算表の金額を正しく確認する方法として、勘定科目ごとにその内訳を残高試算表とは別で管理しておくことが1つである。売掛金であれば、相手先ごとに内訳明細をエクセルで作成しておくと残高の確認をしやすくなる。また、会計ソフトの補助科目を有効に使うことも1つの方法である。補助科目とは、勘定科目ごとにその内訳を設定できるもので、会計ソフトの中で内訳明細を管理することができる。例えば、売掛金について補助科目を相手先ごとに設定すれば、相手先ごとのに残高の確認を簡単にすることができる。

⑶　上級スキル
　最後の上級スキルは、資金繰りを管理する能力である。企業にとってお金の

流れは人間でいうと血管の中の血の流れと同じであり，資金が回らなくなってしまうと倒産してしまう。そのため，資金繰りを管理し資金ショートしないような仕組みを作ることが重要となる。

　商品の販売の形態が掛け販売であれば，商品を販売してもすぐに資金として回収できるわけではなく，一定期間経過後に回収ができる。そのため利益の計上と資金回収にはズレが生じ，資金繰りが悪ければ利益が出ていても倒産してしまうこともある。「勘定合って銭足らず」という言葉があるがまさにこの状態である。

　資金繰りを管理するためには，これから予定されている資金の入出金を予測し，資金繰り表などを作成することが必要になる。今後の資金残高を予測し，資金が不足する時期がないか確認し，資金ショートが発生しそうなら事前に対応方法を検討しなければならない。

　赤字経営以外で資金繰りが悪化する原因として，売掛金の貸し倒れや不良在庫があること，借入金の返済額がキャッシュフローと合っていない，債権の回収期間と債務の支払い期間のバランスが悪いことなどがあげられる。このため，販売先の与信管理や取引条件を事前によく確認すること，商品の在庫管理，金銭の借入時には余裕を持った返済スケジュールを検討することが重要である。

3　実践したい定量データの活用

3.1　財務会計と管理会計

　企業では，日々の事業活動を会計帳簿に記録し，財務諸表の作成を行っている。この一連の流れが会計である。企業が行う企業会計の種類として「財務会計」と「管理会計」がある（**図表5-7**）。

　「財務会計」は取引先や投資家，金融機関等の企業外部の利害関係者に会計情報を提供するための会計であり，外部報告用の会計である。

　一方，「管理会計」は主に経営者自身が会計情報を分析し，自身の経営の方

（図表5-7）　会計の種類

出所：筆者作成

向性は間違っていなかったか，また今後の経営戦略を策定するための指標とするものであり，マネジメント用の会計である。

　会計の種類と定量分析の関係を考えたときに関わりが強いのは管理会計の考え方である。企業が成長し発展するためには，経営上の課題に対して改善策を導き出しそれを実行する必要がある。ここでは，会計上の観点から企業の課題を導き出し，自社の経営に活かす方法について説明する。本章の「1.3　会計情報を用いた定量分析」で説明した財務分析とは違い，定量データの活用方法について説明する。

3.2　予実管理

　予実管理とは，予算と実績を管理することである。企業が継続的に成長するには目標を立ててそれを達成する必要がある。予算目標に対して実際の売上高や利益が達成できたのかどうかを確認し，差異を分析することが企業経営では重要である。差異を分析し，売上高や利益が予算目標よりも低い場合はその原因を確認し，対応策を検討し改善を行う必要がある。

　予実管理の進め方として，以下の手順となる。

①　予算目標を立てる
②　実績が確定したら予算目標との対比を行う
③　対応策を検討し，改善を行う

　予算目標を立てる段階では，過去のデータを参考にすることが一般的な方法である。基本的には，月ごとの売上高と仕入や人件費など費用の項目ごとに予算目標を作成していく。この時，昨年同月など過去の数値をもとにそこから環境変化によって増減が発生し得る要素を反映させる。努力すれば達成可能な程度の数値にすることが大切である。現実的に達成できない目標では，予実管理を行う意味がないためである。

　次に，予算目標との対比を行う段階では，できれば毎月予算目標と実績の対比を行うとよい。改善事項を早期に認識し，対応策をいち早く検討することが重要である。また，分析の対象期間は長いよりも短い方がより詳細な分析を行うことができる。分析する項目は売上高や各費用の項目ごとに行い，結果として利益にどれだけ違いがあるのかを確認する。

　最後に，予算目標と実績の差異の比較ができればそれに対する対応策を検討する。売上高が予算目標よりも少なくなってしまった場合は，その原因に対する適切な対応策や足りなかった部分を補うために必要なことを検討する。各費用については，予算目標よりも多くかかってしまった項目に対して改善の可能性について検討を行う。改善が不可能であれば，さらに売上高目標を上方修正し，利益の確保につなげなければならない。

3.3　損益分岐点分析

　企業経営では，損益分岐点を把握することは非常に重要である。損益分岐点とは，**図表5-8**のとおり売上高と費用の金額が等しくなる状態であり，利益は0となる。この時の売上高を損益分岐点売上とよぶ。

　したがって，損益分岐点売上よりも実際の売上高が高くなれば利益が生じる。逆に損益分岐点売上よりも実際の売上高が低くなれば損失（赤字）となる。赤字を免れるためには必ず達成しなければならない売上であり，損益分岐点売上を把握しておくことが重要である。

　損益分岐点売上の計算方法について説明をする。この計算で初めに行うことは企業で発生する全ての費用を2つに分類することである。「変動費」と「固

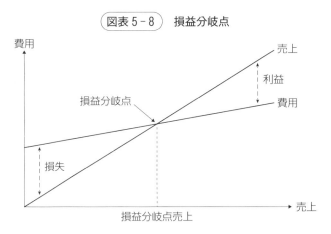

図表 5 - 8 　損益分岐点

出所：筆者作成

定費」の2つのタイプに分類する。

　変動費とは，売上高の増減に応じて増減する費用であり，売上高が増加すれば増加する費用，売上高が減少すれば減少するものである。例えば，商品仕入や原材料費などが該当する。

　一方，固定費とは，売上高の増減には関係なく常に一定額が発生する費用であり，売上高が増加しても減少しても変動しないものである。例えば，事務所家賃や人件費などが該当する。

　管理会計には，細かなルールは存在しないため，この費用は変動費，あの費用は固定費という決まりがあるわけではない。その企業の事業構造を分析し，企業ごとに費用の分類を行う必要がある。損益分岐点売上の具体的な計算式は，以下の通りである。

損益分岐点売上＝固定費÷限界利益率

　損益分岐点売上は固定費を限界利益率で割ったものである。限界利益率とは売上高に占める限界利益の割合で，限界利益とは売上高から変動費を引いたも

のである。すなわち，計算式は以下のとおりとなる。

　　売上－変動費＝限界利益
　　限界利益率(％)＝限界利益÷売上×100

　限界利益から固定費を引いたものが最終利益となる。
　例として，売上が1,000，変動費が200，固定費が500の時の損益分岐点売上
の計算は，以下のとおりである。

　　固定費500÷限界利益率80％＝損益分岐点売上625
　　売上1,000－変動費200＝限界利益800
　　限界利益800÷売上1,000×100＝限界利益率80％

　損益分岐点売上は625と計算された。売上高が1,000の時の変動費は200なの
で，売上高に占める変動費の割合（変動費率）は20％である。売上高が下がれ
ば，変動費は下がることになる。仮に売上高が625に下がれば，変動費は625×
20％で125に下がると計算できる。売上高を625，変動費を125として限界利益
を計算すると，500（625－125）となり，固定費の500と一致し，結果的に最終
利益は0となる。当然，売上高が625を上回れば最終利益が出るが，下回れば
損失が出ることになる。
　損益分岐点を分析することは，企業経営を行う際に重要な現状分析の1つで
ある。利益が出にくくなっている企業は損益分岐点を引き下げることも重要な
課題となる。損益分岐点を引き下げるには，限界利益率を高めるか固定費を削
減することが必要である。当然，同時に取り組みを行えばさらに効果的である。
限界利益率を高めるには，原価の見直しや商品の付加価値を高めることが必要
になる。また，固定費の削減のためには，事業構造を見直し，無駄な費用をな
くすことになる。
　現状，赤字の企業は損益分岐点売上が当面の売上目標になり，黒字の企業は

売上が下がっても赤字にはならないラインを把握できる。損益分岐点をしっか
りと把握し，企業経営に活かすことは非常に重要である。

第5章のまとめ（自分を見つめるチェックリスト）

- [ ] 数字から逃げずに検討することができますか？
- [ ] 貸借対照表と損益計算書の違いを理解することができますか？
- [ ] 会計情報から経営課題を見つけることができますか？
- [ ] 間接部門の重要性を理解していますか？
- [ ] 会計業務に関する社内ルールが整備されていますか？　理解していますか？
- [ ] 会計用語を理解し会計用語で意思疎通を取ることができますか？
- [ ] 簿記の原理を理解できていますか？
- [ ] 会計情報を企業経営に役立てていますか？　理解していますか？
- [ ] 予算目標をしっかりと立てることができますか？　理解していますか？
- [ ] 損益分岐点の意味を理解し活用できますか？

第6章

実践力の鍵を握る
リフレクション（内省）

Point

　本章では，実践力の鍵を握る「リフレクション（内省）」について理解を深める。リフレクションが重視される背景として，成人の学習の7割が経験に基づいており，リフレクションの質を高めることが実践力や成長力を高める鍵になると考えられていることがあげられる。近年の教育現場でも，リフレクションの機会は増加している。リフレクションを実施した事例や効果，具体的な方法について例示する。

1 実践力・成長力を高めるのに重要なリフレクションとは？

　本章では，実践力・成長力を高めるために重要な「リフレクション（内省）」について説明する。

　中学・高校・大学では，「今日の出来事を振り返りましょう」と言われるが，振り返る方法を教わることは少ないと推察される。そのため，振り返りのメリットを理解できていない状態にある人が多いかもしれない。振り返りと似た言葉に「反省」がある。「反省」と「内省」は異なる。内省はリフレクションであるが，反省とは異なる。しかし，正しい理解をしている人は少ないように感じる。

　そもそも，リフレクションとは何か，リフレクションを行うことによってどのようなビジネス上の成果が出るのか，実践的なリフレクションの効果（方法）について説明する。

1.1 反省と内省（リフレクション）の違いは何？

　内省（リフレクション）とは「人材教育の分野では，業務をいったん離れ，自分の仕事の進め方，行動，考え方などを振り返り，自分を見つめ直すこと」（HR プロ）と定義される。

　では，反省と内省（リフレクション）は何が違うのだろうか。反省には，「自分のよくなかった点を認めて，改めようと考えること」という意味が含まれている。つまり，反省と聞くと，自己のよくなかった点を省みる行為から，ネガティブな行為と受け止める人もいると考えられる。

　内省（リフレクション）は，悪かった点を振り返るのも成長のために重要であるが，それ以上に「良かった点」，「想定とは違う良かった点」を見つけ出し，次に活かすことに意義がある。反省もリフレクションも改善をする行為である点に類似性はあるが，着眼する範囲や目的が異なる。

1.2　不確実性の高い社会におけるリフレクションの重要性

　現代社会は，VUCA 時代とも言われる。VUCA はそれぞれ Volatility（変動性），Uncertainty（不確実性），Complexity（複雑性），Ambiguity（曖昧性）の頭文字を並べたものである。変化が激しく複雑で先行きが不透明な時代を意味する。仮説を見出し，活動計画を作ることは大切だが，計画と実行の乖離が発生する可能性が高い状況にある。したがって，社会の変化にいち早く気づき，現場で判断を柔軟に組み込むことが重要になる。変化が激しい中ではあるが，計画を立案することで，計画が羅針盤のような役割を果たし，乖離やギャップに迅速に気づくことができる。

　教育現場では，内省（リフレクション）の重要性が増している。例えば，従来の先生から生徒へと知識を伝授する授業から，生徒・学生が自分たちの学びをアウトプットする中で，知識の習得，活用を目指すアクティブラーニングという学習法が積極的に導入されている点で確認することができる。

　アクティブラーニングが導入された教育現場では，生徒が複数人で対話をする。さらに，自分たちで調べ物を行い，自分たちが何を学んだのかを発表するスタイルが採用されている。学校教育の現場では，知識のインプットに加え，知識を活用したアウトプットを生み出すことが重視されていることがわかる。

　ただし，留意点として，「活動（アウトプット）あって学びなし」という現象には注意が必要である。職場体験，社会課題の現場視察等，教室外の活動を取り入れることで，生徒が意欲的に活動しているように捉えることができるが，学習活動の体験ごっこで終わってしまっていることもある。

　活動や体験で得られた気づきを学びに変えることが必要であり，そのためには，経験学習モデルに基づくリフレクションが重要な役割を果たす。

1.3　リフレクションと経験学習

　リフレクションが重視される経緯としては，70対20対10の法則（Lombardo, mm & Eichinger, R. W（2010））がある。ビジネスにおいて，人は7割を仕事

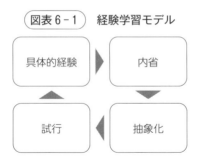

図表6-1　経験学習モデル

具体的経験　→　内省

試行　←　抽象化

出所：筆者作成

上の経験から学び，2割を先輩・上司からの助言やフィードバックから学び，残りの1割を研修などのトレーニングから学ぶ。つまり，仕事上の経験を，学びに変換することが効率の良い成長につながると考えられる。

　そこで注目されるのが，経験学習モデルである（**図表6-1**）。経験学習の概念は，デービッド・コルブにより考案された学習モデルで，「具体的経験」「内省」「抽象化」「試行」の4つのステップからなるサイクルを繰り返すことで経験が学びに変わる。

　実践力を高めるためには，経験学習の考え方が重要である。経験学習では，「まず，やってみる」という具体的な経験が重要である。その上で，実践を思い出し，振り返ることが重要である。良かったことは何か，悪かったことは何かを区別した上で，良かったことはなぜ良かったのか，原因を考えることが大切である。もう一度やり直せるとしたら，何を変えるかを考えること，そこから出せる教訓は何かを考えること，内省することで，抽象化につなげることができ，また新たな試行を通して，具体的経験を積み重ねることができる。

　内省のイメージ（**図表6-2**）の3つのサイクルは，抽象化をイメージするものである。抽象的とは何が違うのか。抽象的とは具体的の反対で，曖昧である状態である。抽象化と抽象的は似た響きを持つが似て非なるものである。

　抽象化とは，「異なる特徴を持った事柄を共通化してまとめること」である。例えば，ハンバーガーチェーン店で働いた経験を考える。拡大解釈をすると，

図表6-2 内省のイメージ図

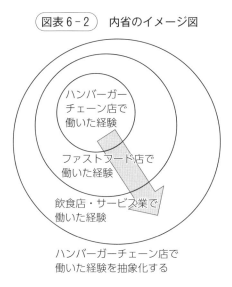

ハンバーガーチェーン店で
働いた経験を抽象化する

出所：筆者作成

ファストフード店で働いたと捉えることができる。さらに拡大解釈すると飲食店で働いた，サービス業で働いたと捉えることもできる。つまり，自分が行った経験が，他の場所で通用するような共通点を探す，意義づけをする行為が抽象化である。

2　実践力・成長力を高めるリフレクション事例

ここでは，実践力・成長力を高めるリフレクションを説明するために，筆者が具体的に実践した2つの事例を紹介する。この事例を通して，リフレクションの効果や方法を実感してもらいたい。

2.1 「商売素人が月売上80万円超のネットショップを立ち上げた」事例

① プロジェクトの背景

2013年時点の補聴器業界では，有料のオンラインショッピングモールに出店することは珍しい状態であった。理由は，補聴器を使用する主な顧客が高齢者であり，顧客の年齢層とネット通販の主な利用年齢層に10歳以上のギャップがあったからである。また，補聴器の商品特性も理由の1つと考えられる。片耳10万円以上する高級な価格帯である（価格が5万円に近いものは補聴器ではなく集音器の可能性がある）。一人一人の耳の形が異なるため，補聴器は，個別の人の耳の形に適合する必要がある。そのため，ネット通販ではなく，直接店舗で相談しながら購入するニーズが強いと考えられていた。

本事例は，業界の常識に対して，筆者がインターンシップのコーディネーターとして関与し，補聴器店の後継と大学生が長期間のインターンシップとして実践した内容を紹介する。

② 対象企業と成果

対象とする企業は愛知県岡崎市の補聴器の販売企業である。創業者夫婦，後継候補と，従業員は3名の小企業である。現在は後継が経営者であるが，当時は，後継候補にとっては，初めて取り組む新規事業であり，初めての人材育成の機会であった。

ネットショップの売上が月3万円から，最終月には約80万円へと伸びた。売上の累計は，約280万円となった。

③ プロジェクトの概要

プロジェクトの実施期間は2013年8月から2014年2月の約半年間である。大学生は，補聴器や周辺機器のインターネット販売の業務を担った。具体的には，

商品登録，ホームページの改善，メールマガジンの発行，キャンペーンの実施，店頭での接客，補聴器以外の商品の店頭での売り場づくりを担当した。

④　プロジェクトの進捗とリフレクション

　プロジェクトの中心は，インターネット販売 Web ページの商品登録業務であった。カタログにある情報を参考に Web サイトに文章を記載し，自分が撮影した画像に，動画を撮影して付け加える単調な作業を繰り返した。学生が半年間で登録した商品点数は数百を超える。

　ポイントは，どういった商品がインターネットで売れるのに適した商品であるか，どういった商品が適してない商品であるかを分類し，特殊な点と共通点を見つけ出すことである。

　具体的には，耳が聞こえない人のための目覚まし時計のように，耳が聞こえない人にとっては，動画で使い方を説明することで，生活の質を上げることに貢献することと，理解しやすいものが売れ行きの良い商品の特徴だった。耳が聞こえない人にとっては，音量は意味がなく，振動による目覚まし時計に価値があるが，今まで使ったことのない人が多いことから，動画によってイメージを伝えることが有益であった。

　有益な方法に気づいたのは，試行錯誤の末に，学生や関係者が振り返りを重ねたことがきっかけである。

2.2　「大学1年生が大手企業以上の性能の工業製品の商品化をした」事例

　次に，エンドミルという工業製品の開発・実用化に成功した大学1年生のインターンシップ事例を紹介する。

①　プロジェクトの背景

　本事例で登場するエンドミルは，工業用ドリルの一種である。エンドは仕上げ，ミルはカッターを意味する。自動車，航空宇宙産業，医療等，生活を支え

る機器の生産の際に，仕上げに使われる重要な工具の1つである。工業製品を生み出す基礎となる機械や工具，マザーマシンの部類は，日本のモノづくりの強みが発揮される分野で，毎年大手企業が新製品を開発して競争優位な状況を構築している。

② 対象企業

　東海地方に本社と営業所7拠点を有する工具の商社で，従業員は50名程度である。従業員の業種は，約半数が営業，約半数が事務の構成である。自社でのプライベート商品の開発経験はあるが，主力事業としては，商品を仕入れて販売することであり，製品開発の専任の担当者は存在しない。

③ プロジェクトのプロセスと成果

　インターンシップの実施期間は2014年2月から2014年の9月の約半年である。プロジェクトでは，最初の2ヶ月間で300社ほどの企業や工場を回り，顧客ニーズを把握した上で，エンドミルの製品案を30個検討する。その後，2ヶ月ほどで，社員や取引先の声を聞き，製品アイデアを絞っていく。最後に残った商品案で，試作品を作成し，成功するまで繰り返した。

　最終的な成果としては，売上数千億円の大手企業よりも先に開発して展開することができ，高性能かつ安価な商品の新規開発に成功したことから，競争優位な状況を生み出すことができた。

④ プロジェクト成功のポイント

　本事例の成功要因は，たくさん集めた情報に対して，学生がリフレクションの時間を毎日1時間以上用意し，その中で顧客の声，得た知識を分類したことである。その結果，通常とは異なる顧客のニーズを把握することができ，特異な顧客との人間関係の構築を高い優先順位として，取り組めた点があげられる。

　一般的に，製造業で使用されるエンドミルは，世界的な開発が行われる分野で，専門領域の知識や経験のない学生の発想やアイデアが通用しづらい分野で

ある。当該領域ではあるが，成果を実現するために取り組んだこととしては，顧客のニーズを把握するために，春休みだけで300社程度を訪問し，顧客に質問してメモを取り続けた。そのプロセスを，日報で振り返り続けた。

　具体的には，「質問の仕方はよかっただろうか？」，「もっと有益な情報を引き出すためにどう人間関係を築けばいい？」，「社内の人員からもっと協力を得られるようにするには？」などについて深く考えた。

　当初の学生の振り返りは，エンドミルに関する内容が中心であったが，周囲のアドバイスやリフレクションの結果，「エンドミルに関する情報を収集するよりも人間関係の構築を優先する」ことが重要であることに気づいていった。「人」の重要性に気づいた。どんな人間関係を構築できたかで，得られる回答が変わることに気づいた。

　学生は，営業担当の顧客訪問に同行する時間を人間関係を深めるためのヒントを得られる機会として活用できた。例えば，営業担当が，顧客の時計やカレンダーに着目して会話を組み立てていた場面があった。商談の帰りに，学生が営業担当になぜその話題を持ち出したかを聞き，それを基にリフレクションをした機会があった。どのように現場で情報を集めるのか。学生は他の現場でも観察した。別の顧客からは，ヤスリを使って，エンドミルの一部分を削って使用していることを聞き出すことができた。このエピソードから，仮説として，ヤスリを使ってでも細くする必要があるなら，最初から細いものを作ればいいのではないかと思いつき，このことが，新規の商品開発のきっかけとなった。その箇所が太いことには理由があった。今までの常識では，その部分を細くするとエンドミルが振動し，綺麗に金属を削れなくなる現象が発生していた。顧客の意見や観察を通じて，周囲の協力やアドバイスを得ながらではあるが，これまで解決できなかった問題を解決する商品の開発に貢献ができた。

2.3　2つの事例に共通するリフレクションのポイント

　補聴器業界でインターンシップをした学生と，工具の開発をした学生の振り返りのポイントを，経験学習のサイクルに当てはめると次頁**図表6-3**のよう

図表 6-3　２つの事例のポイント

経験学習のサイクル	補聴器業界でのネット販売事例	工具を製品化した学生の事例
①具体的経験	ウェブサイトへの商品登録，商品説明，写真・動画撮影業務	製造業の現場で働く人へのヒアリング，工具の企画開発
②内省 （問題意識や問い）	Ａ．売れ筋商品に共通する特徴は何か？ Ｂ．商品情報や動画の閲覧を伸ばすには？	どうしたら，人からより有益な情報を引き出すことができるか？
③抽象化 （コツの言語化）	Ａ．補聴器使用者の生活の質を向上させ，動画や画像で商品のイメージが伝わる製品 Ｂ．商品名にどのような情報を提供するかを足すことで，動画やページの閲覧につなぐ	商品情報に関するニーズを直接聞き出すだけではなく，人間関係を構築して，向こうが話してくれる状態を構築する
④試行	Ａ．補聴器使用者の生活の質を向上する商品には，動画や情報を追加する Ｂ．商品名に【動画あり】等のこちらの工夫していることが伝わるようにする	彼と行動をともにする営業マンに対して，商品開発の話題以外から，営業方法，仕事への向き合い方，プライベートな質問事項を増やす
⑤得られた学び	Ａ．売れ筋商品の特徴を見出し共通化することで，力を入れて PR するべき商品が分かる Ｂ．商品価値を正しく伝えられるようになるだけで売上は向上する。商品タイトルだけで判断する消費者も多い	一見回り道に見えても，人から情報を得ることで商品開発につなげたいのであれば，人間関係を深めることでより有益な情報が得られるということ

出所：筆者作成

になる。

① ２つの事例に共通するリフレクションのポイント

　共通点としては，普段の業務を離れて，良い成果が出た理由を振り返り，良かった時や悪かった時，何が共通の要因かを言語化したこと，毎日十分な時間をかけたことにある。

さらに，共通項を見つけ出すことで，計画と乖離した現象を早期に発見することができ，両プロジェクトとも，実践現場での気づきを柔軟に取り入れることで，成果に結び付けられた点にポイントがある。

② 有益なリフレクションに向けた関与方法

著者は，コーディネーターとして関与し，2つの影響を与えることができた。1つは月に一度の後継，学生，著者の三者の面談を通じて，1ヶ月単位のリフレクションと次月の目標設定を行った。また，日報に対する返信も実施した。

三者面談の目的は，全員が同じ認識を持ち，次の目標に向けて皆がやる気に満ち溢れる状況を作ることにある。そのために大事なのは，関係者間での学生の業務内容の可視化，評価を一致させることにある。学生が感じていることと同じ目線に立てるような情報を提供し，その上で，後継，著者がそれぞれ学生の立場であれば，どのような手段を取ることができたかを一緒に話し合った。

学生にとっては，「大人の知恵がもらえる」，「大人が望む価値観を知ることができる」，「問題が可視化され，同様の状況に対する対策が構築される」ことになった。

フィードバックのポイントとして留意した点は，上から目線とならないこと，良い行動は良いと明確にすることである。結果，学生が自信を持てるようになり，徐々に自走できるようになった。社会人にとっては，学生の悪い点に目がいきがちになるが，学生にとっても社会人の人が共感し，味方だと認識されることで，フィードバックが学生に届くようになる。

3　リフレクションの力を高めるには

この節では，リフレクションで実践的に成長につなげるための具体的なノウハウを紹介する。

３．１　リフクレション発展の第一歩。４つの要素を揃えよう

　リフレクションの効果を上げるためには，準備が必要である。ここでは４つの要素を紹介する。

　１つ目は，基礎知識である。例えば，大学で行われている授業や書籍でも良い。書籍の場合，数冊を並行して読むことも有益である。仮に，ネット通販に取り組みたい場合には，分野が多少異なっても良いので，実際にネット通販を実践している人の話を聞くことが重要である。基礎知識を学んだり，聞いたりすることは，自分の考えとのギャップを認識する意味で重要である。何かの基準を得ることで，ギャップが何かを認識することができる。聞いた話や書籍の記載と比べることが可能となる。標（しるべ）となる基礎知識を習得し，早期にギャップに気づくことで改善につなげることができる。

　２つ目に必要なのは，実践環境である。いくら緻密に物事を考えていても，現場には想定しない不確定要素が存在する。たった１つのイレギュラーな出来事が全ての前提を覆すことはよくある。その状況がなぜ生まれたのか，次にどのように対処するかを考えることが，内省（リフレクション）を深く行うことにつながる。

　３つ目に必要なのは，第三者の存在である。自分が思う以上に，自分を客観視することは困難である。そのため，自分の仕事のフォームを正してくれる第三者の存在が重要である。岐阜県大垣市には1,300年続く伝統産業の「枡」があり，有限会社大橋量器という会社が存在する。かつては，枡はお米を量り，お酒を注ぎ，豆まきに使われる日本文化を形成する重要な器であったが，時代の移り変わりとともに，使われる機会も減少している。そこで，大橋量器はかつてのピークの半分の需要となった枡に次々と新しいアイデアを取り入れた新商品を開発している。アイデアは，外部の人材であるインターンシップ生や兼業・副業人材とのプロジェクトを通じて生み出されることもある。例えば，五角形で「合格しマス」という合格祈願グッズによる神社への販路展開，枡を製造する過程で発生する 鉋 屑を船のマストのような形にし，木の蒸散機能を活

用した電気を使わない加湿器として，西洋風にアレンジして有名な雑貨店へ展開，果ては有名海外アパレルブランドとコラボしてアメリカのニューヨークで販売される等，伝統産業に革新をもたらしている。このように，何をしていくかよりも，誰としていくかということはとても重要な要素である。

　4つ目は，リフレクションのための「問い」である。リフレクションは，自分で問いに答えることによって成立する。良質な問いを自らに投げることで，効果的に実現することができる。

3.2　リフレクションの2つの問いのパターン

　では，ここでは，問いのパターンを2つ紹介する。

□　問いのパターン1．良し悪し＋思いがけなかったこと，想定外のこと

　以下の3つの問いを振り返る。
1．失敗を振り返る（今日の失敗は何だったか？）
2．上手くできたことを振り返る（今日上手くできたことは何だったか？）
3．思いがけない成果や成功を振り返る（想定していない良かったことは何だったか？）
　一番大切なのは3番であり，反省とリフレクション（省察）の違いを示すものである。仕事における成果は時に外に求めることも大切だが，実は意外と足元にあることも多い。思いがけない成果を狙って再現できるようになれば，安定した成果があげられるようになる。つまり営業で今まで成果が取れなかった中で，好意的な反応や思いがけない問いをしてきたお客さんはいないか？　それを他の顧客に展開できないか？　新たな成長の芽が隠れている。現場での偶然に着目することが非常に重要である。

□　問いのパターン２．雲雨傘モデル

　問いのパターン２はコンサルティング会社でもよく使用される考え方の枠組みである。雲があるという事実があったとする。そうすれば，雨が降るのではないかと推察することができる。雨が降るのであれば，傘を持っていくといい。このように，事実から推察し，対策を検討するという「事実，仮説，対策」という考え方が，雲雨傘モデルである。

3.3　発展的なリフレクションのステップ

　リフレクションを進めるための５つのステップを紹介する。
ステップ１．目標を立てる～目標のないところに良いも悪いも何もない～
ステップ２．目標を記録する～目標を目に見える形にする～
ステップ３．目標に対して達成，未達成で分ける～良いと悪いを分ける～
ステップ４．達成で良かった，未達成で悪いではなく，雲雨傘を考える
ステップ５．３つの分析を使おう～変化，比較，割合の３つだけ～

□　ステップ１．目標を立てる～目標のないところに良いも悪いも何もない～

　リフレクションをする場合に，最初に注意することは，目標を持つことである（**図表６-４**）。例えば，自社のサービスや情報をブログの記事として作成する業務があったとする。一体，この業務は何をもって良かった，悪かったとすればいいのだろうか？　その良し悪しを判別できるようにすることが，リフレクションにおける目標の役割である。先ほどの記事を書くのに，１時間半かかったとする。一体これは良かったのだろうか？　悪かったのだろうか？　もし時間にだけ着目したら，時間をかけすぎかもしれない。しかし，着目するのは時間だけで良いだろうか？　もし，その記事を見た人が数千人いたとしたら，１時間半かける価値はあると言えるかもしれない。物事は１つの側面だけで判断すると価値判断を誤ることになるが，指標は１つでもないよりはずっと良い。

だが同時にたくさんあれば良いというわけでもない。鍵となる指標は絞ったほうが良い。

　例えば，先ほどのブログの件で言えば，執筆時間，閲覧数以外にも，自社の商品・サービスへの問い合わせ増加件数，更新頻度等の指標も考えられる。もし，こうした取り組みを始めたばかりであれば，最初に見るべきは，行動量であろう。この場合なら，更新頻度，執筆時間である。更新頻度が高くなり，執筆時間も短くなれば徐々にその中で，短時間で書くコツ，人に注目されるコツもわかってくる。行動量を増やしながら振り返りを行えば，質も向上する。

　新規の取り組みを始めた場合は，行動量を最初の目標に置き，徐々に元々の目的である成果が出ているかどうかを判定する成果指標を導入すると良い。切り替えのタイミングはある程度行動が習慣化され，行動指標が頭打ちになったタイミングが良いだろう。最初は欲張りすぎず，革新は小さく始めるほうが良い。

図表6-4　　リフレクションのステップ

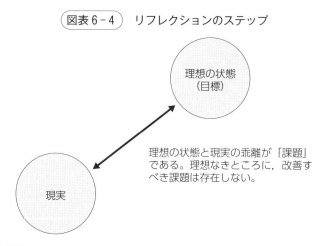

理想の状態
（目標）

理想の状態と現実の乖離が「課題」
である。理想なきところに，改善す
べき課題は存在しない。

現実

出所：筆者作成

□　ステップ２．目標を記録する〜目標を目に見える形にする〜

　目標となる指標を決めたら，次にすべきは目標を記録することである。例えば，先に挙げたブログの更新を１日30分で行うという行動目標を設定する。実際に何分かかったのか記録する必要がある。社会人であれば実感するのが，ブログを書き始めて30分連続で時間を確保するのはなかなか難しいということであろう。職場や職種にもよるが，電話や他の社員からの依頼が発生した等の割り込みが入るというケースも考えられる。例えば，ウェブサイトを充実させておけば，これは減らすべき課題だということが発見できる。リフレクションを行うことで業務を圧縮できる効果が発生するのは，このような無駄な作業時間の改善に向けた，現状把握，可視化につなげることができるからである。

　その時に気づいたことをメモしておくことも重要である。日常の中での些細なことを記録することが重要である。例えば，先ほどの例では，自分が思った以上に電話が多いという小さな違和感を記録する。会社の中で起きた問題はあなた個人の問題ではなく，会社全体で解決すべき問題なのだ。そのため見える化をすることで他者に問題が共有できるようになり，知恵がもらいやすくなる。

　小さな気づきと小さな変化を毎日起こすことで，会社は変わっていく。

□　ステップ３．目標に対して達成，未達成で分ける〜良いと悪いを分ける〜

　目標を決め，記録し，小さな気づきを取り入れたら，次は，達成と未達成を分ける。未達成の場合，隠したくなるが，隠す必要はない。今日できなかったことは明日できるようにすれば良い。

　高校や大学の入学試験と異なり，社会人生活はプロ野球と同じように毎日が試合である。毎日が試合ということは取り返すチャンスも毎日やってくる。極端な話だがプロ野球選手ですら３割打てれば，成功者となれる。上手に敗北するための技術がリフレクションであるとも言える。野球で言えば，ヒット，出塁した等が指標になるが，ビジネスの領域においてはどうだろうか？　一番分

かりやすいものは時間である。時間は誰にでも平等に与えられた経営資源である。時間を上手に使えたかどうかはリフレクションで最も重要な観点である。先ほどのブログを書くという目標に対して，30分で書くという目標で1時間かかったとしたら，その場合は明確に未達成に分けることができる。反省は悪かった点を振り返り，リフレクション（省察）は物事の良し悪しを考えるというのが元々の意味である。このステップ3まで来て，ようやく本来のリフレクションの準備が整ったといえる。

□　ステップ4．達成で良かった，未達成で悪いではなく，雲雨傘を考える

　ステップ3でブログを書くのに，30分の予定が1時間かかったという例をあげた。大切なのはブログ執筆の過程を分解し，何で時間がかかったのかを考えることだ。書くネタを考える，載せる写真を撮る，タイトル，文章の構成，どこで時間がかかった把握できれば，対策を立案することができる。逆に，今日は良い1日だったという振り返りは，単位が大きくなると振り返りの精度が大雑把になってしまう。細かく分けることでより具体的な原因に辿り着くことができる。日々の振り返りは，小さく具体的に明日（次回）を変えることが重要である。振り返りをする際に，ボヤけた振り返りになっているという場合は，まず振り返りの単位が大きい可能性を疑うと良い。次の機会に，ステップ2をもう少し細かく記録する必要がある。

　アイデアが思い浮かばないという時は，図書館に行ってみよう。大体の図書館であれば，ビジネス書のコーナーにそうしたタイトルの付け方や文章の書き方のコツに関する本が並んでいる。リフレクションに行き詰まった時は4つの要素の1つ目である基礎理論を参考にすることを試すと良い。周囲の人と対話や相談をする中で，意見をもらうことによって，徐々に自分なりの方法が見つかることもあるだろう。

☐　ステップ５．３つの分析を使おう〜比較，変化，割合の３つだけ〜

　ステップ４で日々の分析は「小さく，具体的に，明日を変える」をキーワードに挙げたが，行き詰まることもある。そうした時には，もう少し，長期の視点で日々の振り返りをすると良い。毎日とは別に１週間，１ヶ月，３ヶ月，半年，１年単位で振り返ることが理想的である。日々書き溜めたものを見返してみるだけで，前と同じ振り返りが出ている，あの日の気づきはすごく良いことを書いているのにもう守れなくなっている，徐々に改善できることがなくなっているなど，それに気付けるだけでも99％の人はもう到達できない領域となる。日記・日誌・日報を書く人はいても，定期的に振り返る人は少ないであろう。

　長期の振り返りを行う際の３つの種類の分析をお伝えしたい。比較，変化，割合である（**図表6-5**）。

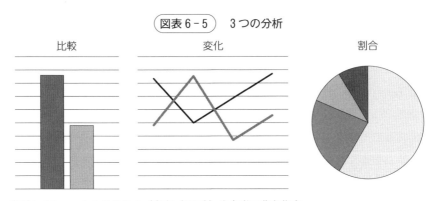

図表6-5　３つの分析

出所：イシューからはじめよ（安宅（2010））を参考に著者作成

　まず，比較すること。何があの時と違っているのか，成果が出ている日と出てない日を比べることである。ステップ３で達成と未達成に分類するのは，比較を行いやすくするためである。何が達成と未達成を分けているのか，この視点を省略すると，比較という有益な分析手法が使えなくなることを意味する。成果の違い，条件の違い，その中に原因を見つけることができれば，改善の糸

口となる。だから良い日は良いと言ってあげないと成長できない。反省とリフレクションの違いでもある。

　続いて２つ目は，変化である。比較は昨日と今日のような２つや３つほどの要素を分析するのに役立つが，変化はもっと長期的な視点で分析するのに役立つ。増えているのか，減っているのか。そして，今も激しく変化しているのか，それとも変化が乏しく行き詰まってきているのか。行き詰まっている場合には，方法を根本的に変える必要があるかもしれない。今のまま続けていけば良いということを示している場合もある。目標が数値化されている場合，変化は分析のための強い味方となる。

　最後は割合である。大きく分けて２つの場合がある。１つは人件費の割合が増えた，１日の時間の中でスマホを見る時間の割合が増えたなどの総合値（会社の予算や１日に使える時間）の中の割合が増えたという場合である。もう１つは，営業をしていて契約をしてもらえる率が高まった，上司に対して自分の提案が受け入れてもらいやすくなった等の作業の質の改善を示すものである。

　前者の場合は，有限な資源（時間や１ヶ月のお小遣い）の割合の変化，ターゲット層の変化（20代女性から30代女性の利用率が増えた）等のただ割合が変化したという場合の２種類がある。好ましい変化なのか，そうではないのかから分類すると良い。その上で，原因と仮説を考える。

　後者の場合は，仕事や作業の成功率が高まる指標は，人の成長か仕組みの改善を示す指標である。営業マンが１ヶ月に訪問できる件数を増やすよりも，基本的に成約率を高めるといった仕事の率を高めるほうが極めて難しい。そのため，率が上がったときは基本的に仕事がうまくできている可能性が高い。しかし，運が良く一過性である場合もあるため，慎重に原因を振り返る必要がある。例えば，半導体不足で代替品を求めたということが要因の場合，自社の外に要因があるのでそのタイミングが去ると，成功はなくなってしまう。１人だけが契約率を向上できた場合は純粋な営業技術の上達の可能性がある。その場合はその情報を他の人にも展開することで企業全体の売上を伸ばすことが可能になる。以上の比較，変化，割合は日々の分析においても大なり小なり有効な術で

あるので大いに活用してもらえればありがたい。

3.4 「振り返りが出てこない，改善点が出てこない」を変える4つの問い

　振り返ることができるようになると，改善が困難になると考えるかもしれない。そのような場合に備えて，さらなる成長に向けて，4つの問いを用意した（**図表6-6**）。基礎ができたと感じる人は，積極的に挑戦してほしい。

> **図表6-6**　リフレクションをさらに上達させるための4つの問い
> (1)　今日の〇〇は何点？　100点にするには何が足りなかった？
> (2)　もう一度やり直すとしたら何を変える？
> (3)　自分からチームに良い働きかけができたか？
> (4)　今日の出来事から導き出せる仮説はある？

出所：筆者作成

(1)　今日の〇〇は何点？　100点にするには何が足りなかった？

　1日が終わって，振り返るときに，今日の作業に点数をつけることが有益である。大事なのは，①なぜ，その点数なのか，そして，②不足している点数は何をしたら満点になったのか？　を振り返ることである。100点の状態を思い描く力が鍛えられる。理想と現実のギャップが課題である。理想を思い描く力がないと，課題が存在しないことになる。この問いは，課題を発見することに役立つ。一方で，なぜ今日はこの点数をつけられたか。昨日は40点，今日は50点。その差を振り返ることで，徐々に自分が良いパフォーマンスが出せた時の条件を言語化することが可能になる。

(2)　もう一度やり直すとしたら何を変える？

　人間は後悔できても，先に悔やむことはできない。仕事をする上で大切なのは，過去の経験を活かして，同じ過ちを繰り返さないことである。そのために必要なのは，「もう一度やり直せるとしたら何を変える？」という問いである。

「もっと頑張る」，「もっと前から取り組む」，「気をつける」は使用しないほうが好ましい。上記の言葉は，便利であるため，その言葉ばかり活用することになってしまう。気合いと根性の精神論ではなく，気をつけなくても，頑張らなくても実現できる仕組みを深く考えることが重要であり，そのために必要なのがリフレクションである。

(3)　自分からチームに良い働きかけができたか？

　仕事は，一人で完結することは少ない。例えば，弁護士であれば，弁護士事務所内の人間だけではなく，裁判所の関係者，さらに，仕事の依頼をした人から良い情報を引き出し，仕事を進める必要性がある。カメラマンであっても，写真を撮影しているときは一人であったとしても，写真を掲載する会社や人がいなければ，仕事は成立しない。

　仕事をする人は多かれ少なかれチームで働いていることが多い。自分がチームのパフォーマンスを最大化するために何か働きかけたのか？　良い働きかけができたのか？　ということを考えるのが重要である。自分一人だけが活躍しても会社全体の業績が上がらなければ意味がない。自分のパフォーマンスが最大化できるようになったら，次に持つ視点が，チームに対する視点である。そのためのリフレクションがこの質問である。

(4)　今日の出来事から導き出せる仮説はある？

　最後の問いは，その日の仕事からできた仮説はあるかという点である。1つは，このアイデアを試すと，次は良くなるかもしれないというアイデア仮説，もう1つは今日の成功した要因から重要なものを導くノウハウ仮説である。アイデアもノウハウも双方の仮説は重要であり，再現性もない世界である。徐々に積み重なることで，仕事に楽しみができるようになる。楽しみながら仕事ができるようになれば，よりリフレクションを繰り返すようになり，良い循環が生まれることが期待される。

第6章のまとめ（自分を見つめるチェックリスト）

- [ ] 実践力を高めるために，行動することができますか？
- [ ] リフレクションのために，抽象化「異なる特徴を持った事柄を共通化してまとめること」ができますか？
- [ ] リフレクションの4要素，「基礎知識，実践環境，正してくれる第三者，問いを立てる」を揃えることができますか？
- [ ] 目標を立てて，記録し，良かったこと，悪かったことを振り返ることができますか？
- [ ] 雲（事実）・雨（仮説）・傘（対策）での振り返りができますか？
- [ ] 比較・変化・割合の3つの分析を使うことができますか？
- [ ] 振り返りを行い，具体的な改善策を洗い出すことができますか？
- [ ] もう一度やり直すとしたらどうするかを考えることができますか？
- [ ] 自分からチームに良い働きかけができたかを考えることができますか？
- [ ] 出来事から仮説を導き出し改善することができますか？

第7章

ビジネスにおける「共創」の場

Point

　クラウドファンディングや，共創の場，オンラインサロンなどを活用することで，さまざまな人が交流し，イノベーション創発に向けた「共創」が行われる。産学連携やインターンシップもその1つであり，多様な立場の人が同じ目標に向かって取り組むことで，新たな価値を生み出すことができる。そして競争に向けた調整や仲介を担うコーディネーターやコンサルタントの役割が期待される。これからは，地域課題解決や社会課題解決，地域中小企業の経営革新や，事業での付加価値を創造することができる人材が求められる。

1 共創の機会

1.1 クラウドファンディングの活用

　さまざまな人たちとの「共創」のツールとして，クラウドファンディングがある。クラウドファンディングとは，必ずしも明確な定義がなされているわけではないが，「インターネットを通じて多数の資金提供者を集め，投資や寄付などの形態で小口資金を資金調達者に提供する仕組み」である。クラウドファンディングの種類は，お金を提供する支援者の見返りにより「寄付型」「購入型」「投資型」に分類される（**図表 7 - 1**）。「購入型」の特徴としては，従来の金融機関からの資金調達による新規事業と異なり，製品生産前のニーズ調査を兼ね，事業リスク低減に資するテストマーケティング機能や，SNS での情報拡散を通じたプロモーション効果や，支援者との関係性の構築が可能となることなどがあげられる（**図表 7 - 2**）。

　方式は「All or Nothing 方式（達成後支援型）」と「All in 方式（即時支援型）」の 2 種類がある。「All or Nothing 方式」は，事前に設定した期間内に目標金額が達成した場合のみ資金が獲得でき，目標金額に到達しなかった場合，支援者からの申し込みは全て無効となり，リターン（商品）も発生しない。また，運営会社に対しても手数料を支払う必要はない。「All in 方式」は，目標金額の達成有無に関わらず，終了日までに調達した金額全てが有効で，サポーターへリターンを届ける。

　クラウドファンディングを活用した共創にはさまざまなものがある。プロジェクトの目的への「共感」によって，広くさまざまな人から小口の支援を積み上げることで多くの「信頼」の獲得につながる。企業内での新規事業・新商品開発や，他社とコラボした展開などに親和性がある。また，地域活性化などにむけて，さまざまな関係者との協働に適している。

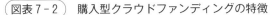

図表7-1　クラウドファンディングの種類

タイプ	購入型	寄付型	投資型
詳細	商品を購入するのに近い感覚で利用できる。支援者に対価として見返りの物品やサービスを提供する	支援した人に対して経済的な見返りがなく，社会貢献性が強いもの	株式購入や融資の形で支援が行われる

出所：筆者作成

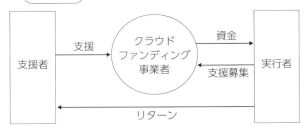

図表7-2　購入型クラウドファンディングの特徴

出所：筆者作成

□　クラウドファンディングを活用した企業研修

　クラウドファンディングを活用し，企業内の人材育成の一環として，地域活性化プログラムを企業研修として実施したNEXCO中日本の事例を紹介する（次頁**図表7-3**）。

　NEXCO中日本は，地域連携と人財育成を両立する観点から，クラウドファンディングを触媒として，地域のパートナーと協働するプロジェクトを実施した。2016年から開始され，購入型のクラウドファンディングを活用し，目標達成時のみプロジェクトが遂行される「All or Nothing方式」を選択した。研修に参加する企業の人たちが，地域課題を検討し，地域のアクターにアプローチをすることで，一緒にクラウドファンディングを立ち上げ，成功報酬制の仕組みでプロジェクトを実施する点に特徴がある。具体的なプロセスは，社内公募に応募し研修に参加した人がグループを作り，主体となる地域のパートナーを

（図表 7 - 3） NEXCO 中日本の研修制度の仕組み

出所：NEXCO 中日本（2022）

探し，連携・協働関係を構築する。その後，地域のパートナーと一緒にアイデアを具現化し，クラウドファンディングの実施に向けた企画内容を検討する。その後，現地のパートナーと協議の上でクラウドファンディングの企画を検討した上で，NEXCO 中日本社員が，社内の担当役員向けにプレゼンテーションを実施し，審査を通過した場合にプロジェクトが立ち上がる。

　現地の人にとっては，初期負担はかからず外部の人と「共創」が実現する。参加者は，社外での本気のプロジェクトに参加し，相手を探し，相手のニーズをくみ取り，企画を検討して実施し，成功まで伴走支援する一連の流れを経験することができる。大企業の若手人材の場合は，一連の新規事業に類似した体験ができ，かつ，地域の課題に寄り添い，実際に解決に向けて共創する有益な経験となる。

　2022年夏までに8個のプロジェクトが立ち上げられ，多くのプロジェクトが成功し，地域との共創が成立している（**図表7 - 4**）。企画立案も現地のパートナー探しも，一からグループごとに，仕事経験や思いなどに応じてさまざまなアイデアをぶつけ合って検討を重ねる。そのため，企画の中身も地域も内容もさまざまである。いずれの場合も，「All or Nothing 方式」のクラウドファンディングを採用し，初期費用はかからず，目標金額に達成した場合のみプロジェクトが始動することになる。また，返礼品の設定によって，広くさまざま

図表7-4　クラウドファンディングの事例

第1弾	キャンプ場からはじまる地域づくり	神奈川県	達成
	世界初女性レースシリーズの幕開け	静岡県	達成
	富山市「土」地域活性化プロジェクト	富山県	達成
	養老サイダー復刻企画	岐阜県	達成
第2弾	新しい防災を作る！　福井のお土産品で作った防災備蓄『福がこい』を全国へ！	福井県	達成
	畳文化を次世代へ繋ぐ〜女性イ草クリエイターの挑戦〜	静岡県	未達成
第3弾	みんなで行こう レンタルキャンピングカーバリアフリー旅行・キャンププロジェクト	愛知県	達成
第4弾	一歩先行くアウトドア・キャンプ体験—未来へつなぐ森づくり『MORIET』	三重県	達成

出所：NEXCO 中日本（2022）

な人たちに周知し，応援が得られることにつながる。つまり，クラウドファンディングが「共創」の触媒としての効果を果たしている。

1.2　産学連携・インターンシップ

「共創」のプレイヤーとして「大学」が，地域の関係者のハブとなることが期待され，これまでにもさまざまな取り組みが行われている（次頁図表7-5）。過去より，「研究」の観点では，大学と企業での共同研究による「共創」が行われている。また，大学が地域に開かれた拠点として，さまざまな人たちが集まり出入りする「共創の場」としての役割を担うことを期待され，その役割を果たしてきた。

また，学生と地域との連携に関しては，研究室やゼミを通じたフィールドリサーチや教授の研究での連携なども行われている。なお，教育プログラムの中では，「実習」領域で，教育実習や看護実習，介護実習などを通じて，大学外の場所で学ぶことが行われている。さらに，地域社会や地方公共団体と大学との連携や他大学との連携なども行われている。

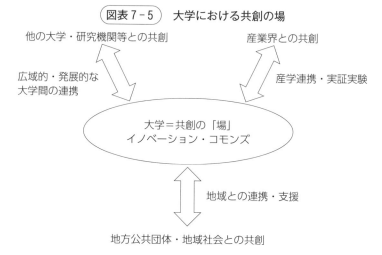

図表7-5　大学における共創の場

他の大学・研究機関等との共創
産業界との共創
広域的・発展的な大学間の連携
産学連携・実証実験
大学＝共創の「場」イノベーション・コモンズ
地域との連携・支援
地方公共団体・地域社会との共創

出所：文部科学省（2022）より筆者にて一部修正

　「学生」と「企業」という観点では，「インターンシップ」が「共創」の役割を果たす。インターンシップは，2022年6月に，現在のインターンシップの状況を踏まえて「学生がその仕事に就く能力が自らに備わっているかどうか（自らがその仕事で通用するかどうか）を見極めることを目的に，自らの専攻を含む関心分野や将来のキャリアに関連した就業体験（企業の実務を経験すること）を行う活動（但し，学生の学修段階に応じて具体的内容は異なる）」と定義されている。

　日本におけるインターンシップは2000年頃から，大学のキャリア教育の観点から発展を遂げてきた（**図表7-6**）。その後2010年頃からは，社会的に一定の認知度が得られるようになり，企業が主体になった採用を主目的とする超短期（単日）のインターンシップが普及発展した。一方で，採用に関しては，一般的に企業と学生の関係性では，企業が採用する側，学生が応募する側（採用される側）の関係性であり，対等な立場ではなく，情報の非対称性もあり，対等な立場での「共創」の実現は困難になりがちである。また，インターンシップに必要不可欠な教育効果が薄まりがちな懸念もある（**図表7-7**）。

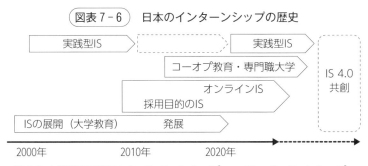

図表 7 - 6　日本のインターンシップの歴史

IS 1.0 大学教育で発展したインターンシップ　　IS：インターンシップ
IS 2.0 採用目的のインターンシップ
IS 3.0 実践型インターンシップ
IS 4.0 共創インターンシップ

出所：筆者作成

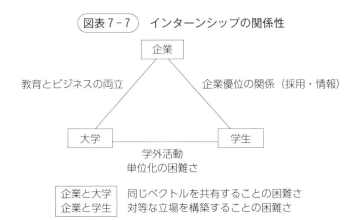

図表 7 - 7　インターンシップの関係性

出所：野村・今永（2021）

　近年はそれらを是正するような方向になり，専門職大学の設立の動きや，地域と大学が連携した協働教育も盛んに行われつつある。また，チャレンジ・コミュニティと呼ばれる団体が，地域中小企業の経営革新と学生の成長を両立させる長期実践型インターンシップを展開してきた。

　インターンシップにおいては，学生と企業では置かれている状況が異なる。

このような状況の中では，相対では未来に向かって双方が Win-Win な対等な
関係を構築するのが困難である。さらに大学も含めた３者の場合は困難さが膨
らむ。「大学」と「企業」と「学生」の３者が存在する場合は，それぞれ異な
る思い・インセンティブを有する異なる人たちを，Win-Win な関係に導くこ
とが求められる。

　未来に向けては，３者が共通の目標に向かって，お互いに Win-Win な関係
を保ちながら継続発展させる「共創」インターンシップを実現していくことが
求められる。

　異なるインセンティブを有する人を調整しながら目標に向かって導いていく
１つの方法として，コーディネーターが関与することがある（**図表 7 - 8**）。具
体的には，学生と企業に対してコーディネーターが「事前」「実施中」「事後」
に効果的に関わることで，学生に対する教育効果と企業のメリットを両立させ
ることができる。コーディネーターとしては，インターンシップの専門業者が
存在するが，インターンシップの中間支援団体（協議会）や，大学の教職員な
どがコーディネーターとしての役割を担うことも必要である。

　大学の教職員がコーディネーターの役割を果たす場合には，企業での勤務経
験を有した実務家教員の存在や，あるいは企業側でも教育に関心を有し大学院
などで学び直し（リスキリング）を行った人材が有益に働くことも想定される。
また，大学生などとの活動を市民活動や NPO 法人の活動を通じて実施してい

図表 7 - 8　インターンシップにおけるコーディネーターの役割

	事前	インターンシップ中	事後
対学生	募集・面接 研修（目標） マッチング	伴走支援 フォロー 助言	発表会 振り返り 今後の目標
対企業	募集・面談 プロジェクト設計 マッチング	伴走支援 意見交換 内容の微修正	発表会 振り返り 次回への改善

出所：野村・今永（2021）

るなど，これまでの縦割りの同じ場所に存在するのではなく，双方の立場を当
事者として理解できるような存在が重宝されることとなるであろう。
　コーディネーターのような属人的な関わり方に加えて，関係者で協議の上，
仕組みを構築することも有益である。例えば，大学が中心となり，中間支援の
機能を有する地域団体や金融機関と，テナントなどを管理するインフラ企業と
大学の3者で連携することで，多くの関係者がWin-Winの関係を作る事例を
紹介する（**図表7-9**）。大学の実践的な講義でも関係者と協議して仕組みを構
築することで「共創」を実現することが可能になる。
　たとえば，「商談会」という場を設定し，商談会に向けて学生が地域企業と
連携して商品開発や広報プロモーションを検討する。学生と地域企業の取り組
みが，産学連携での教育，インターンシップなどに該当する。また，相手側の

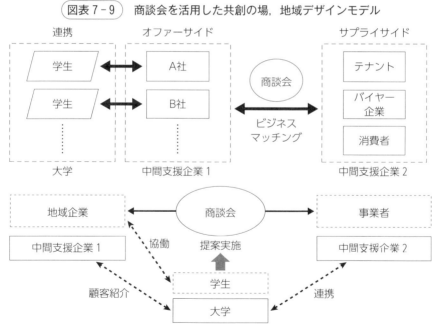

図表7-9　商談会を活用した共創の場，地域デザインモデル

出所：今永・松林・益川（2019）

企業やテナントなどとも事前に協議しておくことで，学生の本気の挑戦が，関係者すべてにとってメリットにつながる仕組みを構築することができる。ただし，出来レースになってしまうと，学生の本気の挑戦ではなく，いわゆるヤラセになってしまうことから，場や仕組みは整え，支援は行うものの，挑戦の土壌を残しておくことが重要である。

2　共創の触媒

2.1　多様な働き方，越境学習

　近年では1つの会社に属さずにプロジェクト単位で，さまざまな人と「共創」する人たちが増えている。例えば，「フリーランス」の存在である。日本フリーランス協会によると「特定の企業や団体，組織に専従しない独立した形態で，自身の専門知識やスキルを提供して対価を得る人」と定義される。

　フリーランス以外にも，プロボノと呼ばれる特定の専門スキルを有したボランティアや，兼業・副業，パラレルキャリア（複業）などが，1つの組織のみに所属せず，「共創」を実現する人たちである。

　兼業・副業に対して否定的な企業も存在するが，自治体などでも活用が進むようになりつつある。金銭的な報酬を目的とする人たちも多く存在するが，それ以外にも，自律的なキャリアを歩むためには，企業内での仕事に加えて，自分の時間を有して，兼業・副業を通じて，豊かな人生に向けて，スキルや経験，ネットワークを身につけることも重要である（**図表7-10**）。

　組織内で職場の上司，同僚，部下の相互作用で学ぶ「職場学習」や，業務を内省することで学ぶ「経験学習」が，これまで日本のOJTを中心とした人材育成の中心であった。近年は，個人が組織の内と外を隔てる境界を「往還」して学ぶ「越境学習」が注目を集めている（**図表7-11**）。

　越境学習では，ホームとアウェーを往還することで生まれる違和感や葛藤が学習効果をもたらす。アウェイの場所では，ゼロベースから関係性を構築する

<図表7-10> 兼業・副業のメリット

兼業・副業を認める人事制度の目的	
従業員のモチベーションの向上のため	47.8%
従業員の定着率の向上，継続雇用につながるため	46.0%
従業員の収入増につながるため	44.6%
従業員のスキル向上や能力開発につながるため	42.3%
働き方改革を促進するため	32.2%
従業員の社外ネットワーク形成につながるため	30.4%
従業員の自律性発揮につながるため	27.9%
多様な人材の活躍推進につながるため	26.3%
イノベーションの促進や新規事業開発につながるため	21.8%
外部人材の採用をやりやすくするため	21.4%
自社の組織文化や風土を変革したいため	17.8%
競合企業と差別化するため	8.2%
わからない	5.6%

出所：リクルート（2022）

<図表7-11> 越境学習

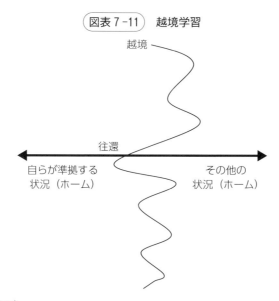

出所：石山（2022）

ところから始まるので，これまで社内でなんとなくシステムやサポートによっ
てできていたことに気づくこともある。あるいは，自分の思いもよらない経験
が重宝されるという発見がある場合もある。このような試行錯誤の経験を通じ
て，新たな人との接点，相手からのフィードバックや反応によって，自分は何
ができるのかというキャリア面での自己理解を深めることにつながると考えら
れている。さらに，職場を離れて，多様な生き方や働き方をしている人と触れ
ることで，自分が何をやりたいのか問い直す機会が増えると考えられる。

□　兼業・副業プロジェクト「ふるさと兼業」

　次に，兼業・副業プロジェクトの例として「ふるさと兼業」を紹介する（**図
表7-12**）。NPO法人 G-net が中心に実施するプロジェクトである。G-net は
2001年10月に設立され，「地域産業の経営革新と，担い手となる右腕人材の育
成に取り組み，地域活性を支える事業を輩出し続ける」ことをミッションとす
る。「挑戦（挑戦する環境，人）をキーワードに地域中小企業の「経営理念・
ビジョン（目標）」「企業文化・社風」「社会貢献（地域社会貢献）」の重要性を
伝えることをコンセプトとして事業展開をしている。これまでにインターン
シップでは800人以上の学生のコーディネートを実施してきた。また，大学生
や高校生が学外で交流する機会を促すために，オンライン環境を活用した交流
の場である「つながるキャンパス」を運営して全国各地より参加者が集まって
いる。

　G-net が今まで実施してきた長期実践型のインターンシップで培ったコー
ディネートスキルやプロジェクト設計能力を生かし，主に兼業や副業の社会人
を対象にした期間限定のプロジェクトである「ふるさと兼業」を実施した。地
域の企業がプロジェクト単位で，テーマ・課題を提示し，協力者を募集する。
給与や待遇などの条件ではなく，地域への愛着や事業への共感を起点とし，兼
業に挑戦したい熱意ある人材のマッチングが実施される。地域企業以外の本業
を有する外部人材が，兼業またはプロボノとして業務時間外にテレワークを活

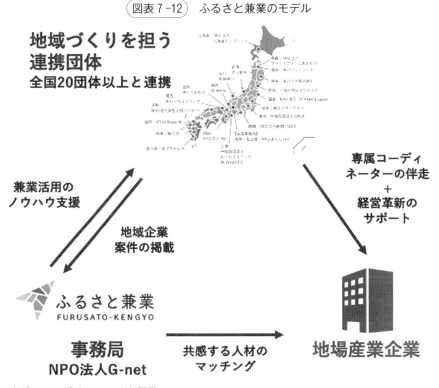

図表 7 -12　ふるさと兼業のモデル

地域づくりを担う
連携団体
全国20団体以上と連携

兼業活用の
ノウハウ支援

地域企業
案件の掲載

専属コーディ
ネーターの伴走
＋
経営革新の
サポート

ふるさと兼業
FURUSATO-KENGYO

事務局
NPO法人G-net

共感する人材の
マッチング

地場産業企業

出所：NPO 法人 G-net より提供

用し，中小企業の経営者・従業員と外部の応募者数名がプロジェクトチームと
なり地域企業の課題に 3 ヶ月間の期間限定で取り組むことが特徴である。社会
環境の変化を捉え，社会人の兼業・副業人材の活用の需要が増える中で，全国
の協力団体と連携し拡大している。

　中間支援組織の G-net が，企業と参加者に伴走してサポートすることで，
課題提供企業の最終的な成果の成功確率を高めることを目指した設計となって
いる。企業と参加者の両方の状況を把握し，定期的にプロジェクトの状況をモ
ニタリングするため，ミーティングへの同席や，状況に応じたヒアリングなど
を実施し，潜在化しやすい不満や，その後のプロジェクトのことを考慮して調

（図表 7 -13） ふるさと兼業のコーディネーターの役割

概要	プロジェクト設計サポート	マッチングサポート	伴走コーディネート
時期	開始前	開始前	プロジェクト実施中
対象	地域企業	地域企業と参加者	地域企業と参加者
詳細	3ヶ月間の期間で成果を極大化するために事前にコーディネーターと企業で打ち合わせを実施	参加者に対してプロジェクトの詳細や企業の想いを説明して，情報の非対称性を解消し，相互に満足いくマッチングを目指す	3ヶ月間のプロジェクトが軌道に乗り成果が実現するために，打ち合わせへの参加を含めて伴走支援を実施

出所：今永（2020）

整を行っている。遠隔会議の設定や，スケジュール調整などの役割も担う。共創を生み出すためのコーディネーターとして，異なる人たちの翻訳者，通訳，調整役となることで，共創プロジェクトの成功に向けた重要な役割を果たす（図表 7 -13）。

2.2　共創の場

「共創」の考えは，働くオフィス環境にも変化を与える。オフィスでも固定の席ではなくて，フリーアドレスを導入し，どこでも好きな場所で仕事ができるような設計もある。フリーランスなどの企業に属さない人や，テレワークの増加により，企業のオフィス以外の空間として，自宅やコワーキングスペースの需要も増えている。

中長期的な流れとしては，インターネット通信環境が十数年の間で進化を遂げ，無線環境が整備されたことで，固定のパソコンではなくノートパソコンを保有し，どこでもインターネットに接続できるようになった。昨今は，メタバースを活用したオフィス空間を活用する企業もある。

大学においてもオンライン授業などが単位数の制約はあるが浸透し，YouTube などの動画配信システムが一般化することで学び方も変化している。

今後も時間や場所を問わずにどこでも働けるような環境になると考えられるが，一方，実際に仕事で対面する場合には，対話や交流する機会の重要性が問

われる。

　イノベーションが創発されるためには，偶発的な出会いや「他者との対話」などからアイデアが生まれることが重要である。例えばフューチャーセンターと呼ばれる「多様な人たちが集まり，未来に向けて対話を行う機会」などが着目され，さまざまな共創空間が設立されている。

□　共創空間の運営例

　次に，共創空間を運営する株式会社オカムラの事例を紹介する。2015年11月には，未来の働き方を考えるプロジェクトとして「WORK MILL」を発足し，「働く環境を変え，働き方を変え，生き方を変える」をコンセプトに，「はたらく」を変えていく活動として，幅広いリサーチと発信や共創による価値創造，目的や志を共有できるコミュニティづくりを目指している。

　2012年に共創の場「Future Work Studio "Sew"」を設立し，現在は全国4拠点（東京・大阪・名古屋・福岡）に共創空間を運営している。専属のコミュニティマネージャーが中心となり，社会的価値を高めることを目指している。一例として，名古屋の共創空間である Open Innovation Biotope "Cue" では，3つの点を重視して活動が行われている。1つ目はツナガリであり，Cue に集まる多様な人たちの，ゆるやかなつながりをデザインする。2つ目はシゲキであり，非日常な空間で対話することで，知的好奇心や感性を刺激する。3つ目はヒラメキであり，イベントや情報発信を行い，ひらめきを促進することを目的とする。

　2016年12月に Cue の運営が開始し，2022年12月までに，のべ312回以上のイベントを開催し，のべ参加人数は約4,392人，参加者の属する企業や団体の数は2,438社となっている。参加には，事前登録や年会費は不要で，「これからの働くに関心があり，意気込み・想いを有する人や，人との繋がりや対話を望み，モチベーション高く活動したい人」が推奨される。参加者が所属企業の組織と共存し，組織の一員として認知された個人同士で，相互関係の構築を築き合え

ることを目的とし，原則は平日の日中の時間帯に設定されている。3人のコミュニティマネージャーが企画立案やイベント運営，広報などを担当し，単発で終わらず継続発展に向けた多様なアクターが共創する企画運営を実施する。イノベーションの創発に向けたネットワークの構築，前段階のアイデアの創発イベントを実施し，社内外の人が集まりアイデアを具現化する機会を数多く提供する。

　「共創」が生まれるためには，単にイベントを開催するに限らず，コミュニティマネージャーと呼ばれるような「人」が介在し，さまざまな人たちが交流し，飽きられないような工夫をすることが重要である。

2.3　オンライン環境の活用

　2020年の新型コロナウィルスの影響により，対面での共創空間でのイベント開催が困難な時期が続いた。このような中で，オンライン環境を活用した共創の場を試行的に作成するために，上述の Cue のコミュニティマネージャー3名と，ワークショップの企画，共創の場作り，ファシリテーターの知見を有するオカムラの社外の有志メンバーの合計6名で，オンライン環境を活用した共創の場の Cue Dream PJ を企画設計した（**図表7-14**）。

　第1期として2021年1月から9月まで8組，第2期として2021年11月から2022年2月まで6組，第3期として2022年4月から8月まで2組，のべ16組が参加した。参加者は20代から50代，学生，企業に所属する社会人，起業家などさまざまであった。テーマは，起業を目指して取り組む内容や新規事業のアイデアから，観光や地域活性化を目指したもの，ボランティア活動や趣味やサークル活動に近いものまで幅広く存在した。

　事務局側としてドリームオーナーに対しては，以下の4点がサービスとして提供された。1点目は，オーナーごとの個人の HP を提供し YouTube 動画とメッセージで情報発信できるようにした。2点目は，情報発信，仲間集め，アイデアの具現化の機会としてオンラインワークショップの企画・運営サポートを実施した。3点目は，個別フォローおよび SNS でグループを作成し，仲間

（図表 7 -14）　Cue Dream PJ

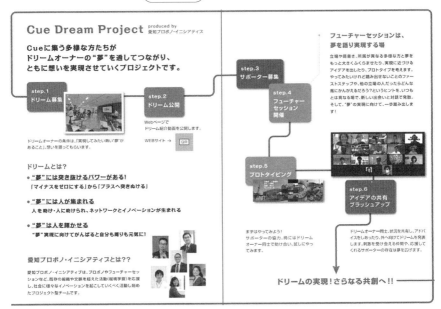

出所：株式会社オカムラ中部支社より提供

集め，一緒に活動が促進される状態を提供した。 4 点目は，中間発表，最終発表により，個人の想いの発信や仲間集めの機会を提供した。

　前述のとおりドリームの内容は，「起業」を目指した取り組みや，「新規プロジェクト」を目指したアイデア募集や「意見を聞きたい」といった内容から「地域活性化」を目指して取り組みたいというもの，「趣味やサークル活動」に近いものなど，幅広く存在した。いずれも，オンライン上の「共創」の場を活用し，情報発信や，仲間集め，アイデアを膨らませ，一緒に活動が実現する効果があった。例えば，次頁**図表 7 -15**のような取り組みがノミネートされた。

（図表 7 -15） プロジェクト事例

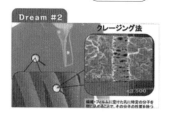

冷え性向け靴下を開発したい！

長曽我部 竣也さん

世界で唯一の繊維加工技術を利用し、冷え性を改善させたい！製品開発に力を貸してくれる仲間を集めたい！

子どもたちの将来への希望を育みたい！

住田 涼さん

こどもが挑戦と失敗の許容された仮想都市の運営・発展を通して、主体性・協調性・創造性を育みたい！

表現の自由と働き方改革を加速させるスクールバスプロジェクト

清水 夏樹さん

アメリカから輸入したスクールバスは大きいもので全長10メートル！このバス一台はオフィスやコワーキングベースに、もう一台をコスプレスタジオに改造、実装したい！

高校生が一歩踏み出すきっかけをつくりたい！

伊藤 大貴さん

失敗を恐れずにチャレンジする経験を一人でも多くの高校生に届けたい！その経験を支える地域や大人を育みたい！

出所：株式会社オカムラ中部支社より提供

3　共創人材の活躍のフィールド

3.1　価値創造の担い手

　「共創」を実現し，活躍するフィールド，キャリアの歩み方の一例として，「1．企業における価値創造の担い手」「2．中小企業のミギウデ・後継者候補」「3．社会課題解決の担い手」の可能性を言及する。

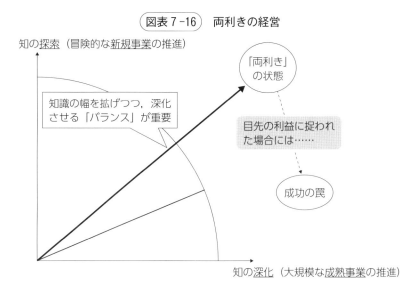

図表 7 -16　両利きの経営

知の探索（冒険的な新規事業の推進）

「両利き」
の状態

知識の幅を拡げつつ，深化
させる「バランス」が重要

目先の利益に捉われ
た場合には……

成功の罠

知の深化（大規模な成熟事業の推進）

出所：入山（2019）

　企業においては，日本市場では少子高齢社会の影響を受け，特に伝統産業を
中心に，市場規模が縮小傾向にある業界が多く存在する。それらの企業におい
ては，イノベーションを成功させて，売上の減少傾向に歯止めをかけて，新た
な市場の開拓や新製品を開発する，または，新たなビジネスモデルを開発する
ことなどが期待される。一方で，これまで長年培ってきたブランドを活かすこ
とも重要である。既存事業のオペレーションの卓越性と，新規事業へ展開を促
進する，相反する動きの両立が重要であり，「両利きの経営として知の深化と
知の探索」の同時推進が求められる（**図表 7 -16**）。

　これからの社会に必要な IT 人材は，共創にも必要不可欠だが，量，質とも
に不足している。2020年の調査では，国内の事業会社の 9 割近くが，大幅に不
足・やや不足しているとの回答結果があり，大幅に不足している割合は増加傾
向にある。これらの調査データは，近年ますます IT 人材が重要であることを
示しており，IT 人材の育成の重要性を示している（情報処理推進機構，2021）。

　経済産業省では，社会人向けの教育訓練講座を開設し，厚生労働省の支援な

どを受けられる仕組みを構築している。また，大学においても，データサイエンスの領域での学部を新設するなど，産業界と大学をはじめとした教育業界や行政が連携して，人材育成に取り組んでいる。

　特に，IT を活用した領域では，業務プロセスの効率化やセキュリティの強化などについては，以前から IT 技術活用の重要性がとりあげられてきた。これらの技術を活用することで「働き方改革（ニューノーマル，テレワーク）」「社内コミュニケーション強化」「ビジネスモデル変革」に寄与することができる。

　IT 人材は技術者として付加価値は高く，データサイエンティストとして，統計データなどを活用することも市場価値が高いとされる。ただし，エンジニアとしてのスキルのみならず，経営戦略を理解し，競合の状況などを数値データの観点からも理解を深めて，戦略実行に落とし込める存在も価値が高いといわれる。ただ単に技術を活用することではなく，社内でのコミュニケーションによって，実際に実行を促進させる役割も必要不可欠である。

　つまり，経営に関連した理論やフレームワークを理解し，調査分析ができ，実行に落とし込める存在が必要である。

3.2　地域中小企業のミギウデ・地域課題解決人材

　地域中小企業においては，人材不足の問題は大きく，必要な人材を採用したくてもできない場合も多い。地域においては企業全体の中で中小企業の割合は9割を超え，従業員数では7割を超える人が中小企業に勤務する。

　中小企業は，大企業と比較して，限られた経営資源，人・モノ・金・情報が限定的な中で，意思決定とオペレーションを実行することが求められる。さらに，大企業のようにイノベーションを生み出すための新規事業の企画立案を経験した人材が限られ，外部と連携する予算や情報も限られている。

　中小企業の大きな課題として，事業継続に向けた後継者候補の育成・採用の問題，優秀な人材を採用・育成・定着させ中核人材として据えることがあげられる。

（図表 7 -17）ミギウデ

インターンシップ	採用	定着	育成・活躍
地域中小企業との接点	ミギウデを目指した入社	人材育成	ミギウデへ

出所：筆者作成

　ミギウデ，つまり「新卒で地域中小企業の経営者の右腕として経営革新に取り組むことをやりがいとして働く人材」として入社し，さらに定着し，育成を重ねて活躍して事業継続や事業の発展に寄与することが期待される（**図表7 -17**）。

　中小企業では，各部門の中枢として高度な業務や難易度の高い業務を担う人材や，組織の管理・運営の責任者，また複数の人員の指揮・管理者，高い専門性や技能レベルの役割として習熟度を有する「中核人材」が重要だと期待されている。一方，採用や育成が困難な中小企業においては，新卒採用からの中核人材への育成が困難であることから，中途採用の人材活用や，昨今では新しい働き方との融合事例として，本業に属しながら兼業・副業などで中小企業の中核人材としての役割を果たす事例が紹介されている（中小企業庁，2017）。

　中小企業でのイノベーションの担い手として，経営者の側近の存在となり，「経営上最も頼りになる人物」の中核人材が重要となる（次頁**図表7 -18**）。

　企業が事業を継続発展させるためには，既存の領域の業務に加えて，新商品の開発や新規の顧客獲得に向けた販路開拓や，業務改善などが必要である。これまで触れてきたようなデジタル技術を活用した取り組みが求められる。

　一方で，経済産業省が2020年に行った地域未来牽引企業を対象とした調査では，DXの実施企業は 1 割にも満たず，全体の 5 割以上の企業がDXをよく知らない又は聞いたことがないと回答する結果が示されている。調査対象である中小企業の中核となる企業においてDXが浸透していないことが示された。

　特にデジタル化に向けた段階は，2022年版中小企業白書・小規模企業白書では，調査対象企業の取組状況を 4 つの段階に分けて確認した（次頁**図表7 -19**）。DXに取り組む以前の問題として，紙ベースや人手作業を中心とした業務フ

図表 7-18　中核人材と働き方の組み合わせ

経営者以外の中核人材

各部門の中枢として高度な業務や難易度の高い業務を担う
組織の管理・運営の責任者
複数の人員を指揮・管理
高い専門性や技能レベル習熟度を有している人材

企業ニーズの多様な働き方の組み合わせの例

企業の ニーズ別		継続（定常）型			プロジェクト（期間限定）型		
		人単位	時間単位		人単位	時間単位	
人材活用の例	例	本業型	兼業型	副業型	本業型 （フル短期）	兼業型	副業型
	概要	受入企業等へ転籍する	専門分野をベースに，複数の企業等で同時に活躍する	本業を抱える人材が，勤務日・時間を限定し，他企業等で活躍する	一定期間，受入れ企業等でフル勤務を行う	プロジェクトベースに，複数の企業等で同時に活躍する	本業を抱える人材が，平日夜や休日等を活用し，他企業等でプロジェクトを推進する
	形態	フル勤務	週2日×2社など	週1日など	1ヵ月（フル勤務）など	週2日×3社など	週1日など

出所：中小企業庁（2018）

図表 7-19　デジタル化の取り組み段階

段階4	デジタル化によるビジネスモデルの変革や競争力強化に取り組んでいる状態
段階3	デジタル化による業務効率化やデータ分析に取り組んでいる状態
段階2	アナログな状況からデジタルツールを利用した業務環境に移行している状態
段階1	紙や口頭による業務が中心で，デジタル化が図られていない状態

出所：中小企業庁（2022）

ローから脱却できない企業，つまり段階1や段階2の状況が大半である可能性を示唆している。

　課題としては根深い反面，多くの中小企業にはデジタル化に向けて実際に推

進し，活用できる人材が重宝される可能性を示唆するものである。

3.3　社会課題解決人材

　日本が直面する社会的な課題は多岐にわたる。高齢化社会の到来によるさまざまな影響，ダイバーシティ，教育，コミュニティ，移動手段・交通，貧困など多くの解決が容易ではない問題が散見される。

　日本を含めて，世界的な流れとして，SDGs が進展する中では，サステナビリティ（持続可能な継続・発展）が課題であり，単に経済的な成長のみを追いかけ続けていては，結果として社会課題が増加するリスクも存在する。

　また，ESG 投資が推進される中では，社会課題解決に向けて取り組みながら，事業価値をあげる会社に投資が集まることになる。裏を返せば，社会課題解決に取り組まない会社には，投資が集まらないことになる。

　つまり，これからは，事業価値の創造と，社会課題解決という一見矛盾しそうな，その2つを追いかけながら両立することが求められる。

　経団連は2020年，東京大学・GPIF との共同研究で，企業と投資家の双方が長期的な視点に立ち，革新的なイノベーションの創出と，それに対する投資を進めることで，社会課題の解決と新たな成長の実現の両方が達成できることを提言した。企業の目線では，本業のビジネスを通じた社会課題の解決への取組みが，投資家から適切に評価されることを意味している。

　企業が実施するビジネスが社会課題解決を行うことによって，顧客から収益を得ることと社会課題解決につながり，その2つを両立することになれば，自然と社会課題が解消される方に向かっていくことになる。そして，投資家との協議・対話が進むことによって，社会課題解決を目指す社会的企業へのインセンティブが高まることから，社会的企業が増加し，そうでない企業が減少するような効果がもたらされることが期待される。

　つまり，今後は，社会的課題を認知し，社会的課題解決を目指す人材が多く求められることになると予測される。

終　章

共創力の強化にむけて

Point

　筆者たちは，実務家教員として社会に出てから活躍するために，自らの社会での経験や知識を踏まえて，大学生の教育に携わっている。本章では筆者たちがこれからの社会で必要だと考えていることや，特に意識していることを伝える。そして，最後に本書の筆者たちの特徴でもある「実務家教員・専門職大学」について簡単に紹介し，改めて実務家教員だからこその視点と本書を通じて読者に伝えたいことをまとめる。

1　これからの社会で必要なこと

　「共創」時代におけるキャリアの歩み方は千差万別となることが予測される。多くの人は，企業に所属した状態でスタートするだろうが，徐々に，転職，兼業や副業に関わることや，起業をするなど，それぞれ多様なキャリアを歩むことになる。仮に，最初のキャリアとして，企業に所属する場合，「共創」人材として成長を遂げるためには，自分自身の近未来（半年後から3年後）を見据えて，所属企業でできる仕事の中で，経験によって能力や知識技能を高め，将来自分が実施したいと考えるキャリアへと近づけることが大切である。仕事内容と自分が目指したい未来への能力向上の両立である。言い換えれば，「仕事での貢献」と「自己成長」を両立させることである。

　仕事で，自己成長が十分に得られない場合は，自分でお金や時間を投資して，社外での成長機会を模索する。仮に，仕事で十分に自己成長ができる環境であれば，お金をもらいながら，成長を遂げることができる。

　「実践」が可能な環境の中では，なるべく裁量をもらえるように周囲の信頼を勝ち取り，少しでも大きな，難易度の高い仕事に挑戦し，困難な中で模索しながら成果を実現することが重要である。仮に，業績としては失敗した場合も，挑戦して試行錯誤した経験が，今後の人生では役に立つであろう。

　では，周囲の信頼を勝ち取るためにはどのようなことが必要なのだろうか。筆者の考える8つのポイントを紹介したい。

① 約束は守る

　例えば，期限や時間を守ること。これができなければ相手との信頼関係を作ることができず，良好な人間関係を築くことができない。周りから信頼されていなければ，重要な場面や重要な仕事を与えてもらえず自身のスキルアップもできず，成長速度が遅くなってしまう。約束は守り，周囲との良好な信頼関係を作っていくことが重要である。

②　挨拶をする・お礼をいう

　挨拶やお礼は，意識することでもないと感じるかもしれないが，重要である。相手に何かをしてもらったら，恥ずかしがらずに「ありがとう」と素直に言えることが重要である。社会で働くということは，他の方との関わりは避けられない。自分の存在を無視されることはとてもつらいことである。自分から積極的に挨拶をすることで，相手を受け入れていることが伝わり，それが円滑な信頼関係を保つことにつながる。そして，相手への気遣いを示す形として，ちょっとでも何かをしてもらったら「ありがとう」の一言をいうことを心掛けて欲しい。相手はいい気持ちになるとともに，自分にとっても相手との親しみが増すことができる。「挨拶」や「ありがとう」は，信頼構築に向けた魔法の言葉になる。

③　一般常識を意識する

　例えば，社会で常識だと考えられることは，きちんと把握した上で行動することが重要である。また，丁寧な言葉遣いでコミュニケーションをとることも大切である。周りの人から，変な人，非常識な人だと思われてしまうと，共同で仕事を行う機会を失うことにつながりかねない。周囲との信頼関係を構築するためにも一般常識は重要である。

④　謙虚に振る舞う・学び続ける姿勢を持つ

　物事を一人で完結することは困難である。必ず誰かとやりとりをして物事が達成される。相手に対して横柄な態度を取るとやがて自分にブーメランで戻ってくる。常に謙虚に，そして知識をアップデートするために，あらゆることから学び続けることが大事である。

⑤　自分の意見を持ち，それを相手に伝える

　前提として意見を持たないことは社会人としては失格レベルである。企業の

中でより多くの意見を集め，よりよい方向性に導くことが重要である。まずは意見を持って，相手にいかにうまく伝わるか意見の伝え方も大切な能力である。

⑥　当たり前のことを当たり前にやり続ける

当たり前と思っていることが，社会で働くうえでとても大切だと確信している。裏を返せば，この当たり前のことができていない社会人が多いということである。

⑦　自分の武器・強み・専門性を身につける

誰にでもできることができるのは当たり前である。自分しかできない仕事，業務内容を作ることで付加価値を高めることができる。

⑧　困難な局面こそ成長の機会である

難しい仕事，自分にはこなせそうにない仕事，進め方がわからない仕事など社会では困難な局面にぶつかることもある。そんな時に逃げずに立ち向かうことが大切である。壁を乗り越えることで社会人として大きく成長できる。

2　実務家教員として，普段から意識していること

これまで述べてきた，これからの「共創」時代にこそ，実務家の視点はますます必要になってくると筆者たちは考えている。本節では我々が実務家教員として普段から意識していることを大きく5つ紹介したい。教育者という立場からの視点ではあるが，いずれの点もこれまで本書で述べてきた「共創」時代に必要とされる力を育むために必要な視点だと考えている。本書のテーマである共創力強化のための一助として，御覧いただきたい。

①　何のために必要か，目的を伝えること

社会に出てから必要な知識がどの程度必要なのかを説明する。今目の前で学

んでいることが，社会に出たときに具体的に知っている場合にはどのような効果があるのか？　また，知らないとどんな大変なことになるのか。目的を明確に理解すると，学ぶ必要がわかり，学ぶ意欲の向上につながる。

② 実践をやりっぱなしにしない。わかった気にならない

　さまざまな知識をインプットし，演習や実習・インターンシップなどを通して実践経験を積むことができるが，実践を通じた経験をそのままにしないことが大事である。成果をあげたことだけではなく，大事なのは，もう一回同じような局面に遭遇したときに成果を出し続けられるかである。そのためには，物事の本質を理解し，足りない点があれば準備・復習を行い，身につけることが重要である。

③ 知識から課題を特定し知恵を身につけ，わかるように伝えること

　一般的に「知識」を多く学んでも，実社会では役に立たないといわれる。実社会の経験からも，その知識をベースに課題を見つけ出し，解決できるような，創意工夫できる「知恵」を身につけることが重要である。知識を，そのまま知識として伝えるのではなく，相手に伝わり，相手が第三者に，初めて聞く人にもわかるように伝えられることが重要である。そのためには，専門用語を多用するのではなく，使う場合でも具体的に説明し，わかるように例示する。相手の立場に立って，工夫して，相手がわかる状態になるまで説明する。また，相手がどの程度理解していたかを確認することも重要である。

④ イメージしやすい学び，ケーススタディの活用

　ケーススタディを使った学びや事例分析は，知識の定着，相手に伝えるために有益である。特に，イメージしやすい業種として，小売・サービス業をテーマにした教材づくりを重視している。小売・サービス業は，日頃から接する機会の多い業種である。そのため，他の人に具体的な内容を伝えることができ，ディスカッションを通じて深く考察することができる。また，企業の経営分析

では，競合となる企業との比較は欠かせないことから，慣れ親しんでいる業種
の選定は重要である。事例を通じた議論の時間を確保し，他の意見を聞くこと
で，思考の癖に気がつくことも重要である。

⑤　発表と内省の機会

　ディスカッション・議論した内容は，発表の機会を与える。検討段階では，
一貫性ある提案内容であると思っていたが，実際に発表することにより，自分
の論理矛盾に気がつくことが多々ある。頭で考えることも大切だが，相手に伝
えることを意識し，ストーリー性を軸とした思考を深め，自分自身の論理矛盾
に気づくことを意識している。

3　実務家教員と専門職大学とは

　社会情勢がめまぐるしく変化し，課題も複雑化する中で，今後，職業の在り
方や働き方も大きく様変わりすることは想像に難くない。日本が成長・発展を
持続するためには，優れた専門技能等をもって，新たな価値を創造することが
できる専門職人材の養成が不可欠である。
　本書の最後になったが，そのような社会的要請に基づいて定められた日本に
おける実務家教員と専門職大学の要件，そして国が実務家教員に期待している
強みを挙げ，手前味噌にはなるが筆者たちがどのようにしてそのような期待に
応えようとしているかを紹介し，本書の締めくくりとしたい。

＊　＊　＊

　2006年，55年ぶりに教育基本法の一部が改正されて，専門職大学が設立され
た。2022年3月末時点では約20の専門職大学，専門職短期大学，専門職学科が

専門職大学の特徴

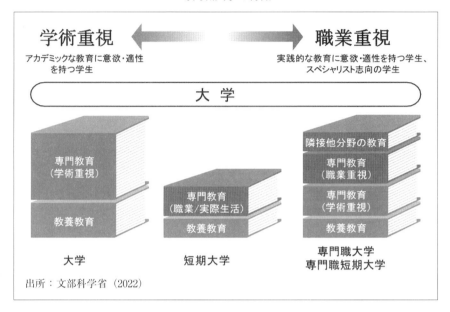

出所：文部科学省（2022）

存在する。専門職大学は，40人以下のクラス，600時間以上の臨地実務実習，教員の4割以上が実務家教員などの条件が存在する。特定の職業のプロフェッショナルになるために必要な知識・理論，そして実践的なスキルの両方を身につけるために，教育課程（カリキュラム）は，産業界，地域社会と大学が連携して編成し，講義だけでなく，学内・学外での実習が豊富に組まれる点に特徴がある。豊富な実践が特徴で，実践と理論を往還し，実務家教員が関与することで，高度な「実践力」と豊かな「創造力」を育み，技能・技術を身につけ，卒業後には，特定領域の即戦力の専門職として，そして現場の最前線に立つリーダーとして活躍が期待される。

　実務家教員とは，「専攻分野において，おおむね5年以上の実務の経験と実務の能力を有する者」と定義される。たとえば筆者たちが所属する名古屋産業大学の経営専門職学科では，筆者ら5名を中心に，一定以上の割合が実務経験を有し，さらに研究も両立することで，研究・教育の双方を，実践的に学生の

成長に還元させることができるように取り組んでいる。

　企業の経営コンサルティング，中小企業診断士，税理士などのコンサルティング能力を有する者や，インターンシップなどに関連し，地域や企業との連携，共創の担い手，起業経験を有する者，企業での企画・マーケティングなどの経験を有する者などが存在する。

　これらの経験を単に知識として押し付けるのではなく，社会で起きている現象を，学生にわかるように翻訳し，学生が段階的に成長できるような教育プログラムに還元させながら，実践と理論，内省・リフレクションを繰り返し，徐々に成長を遂げるように後押ししている。

　実務家教員の特徴として，専門領域での経験がある点が注目されることが多いが，それ以上に特筆すべきは知識を伝達する情報提供ではなく，学生が考えたアイデアや提案，疑問・質問に対して，自らの実践経験や最近の社会情勢などを踏まえて，具体的で効果的なやりとりができる点が挙げられる。学生の個別の理解に応じた対応や，学生がやりたいことに向かって，適切な助言を与えることができ，状況に応じて適切な支援が可能となっている。さらに，学外とのつながりを仲介する役割としても期待される。一方的に外部からの依頼によって学生を仲介・紹介するのではなく，学生の状況や，講義などで提供する教育コンテンツに適した内容を踏まえて，適切な学外とのつながりを模索し，調整して連携することができる点に強みがある。

本書のまとめ
（自分を見つめるチェックリスト）

＜ビジネス基礎力＞

- [ ] 組織の目標と個人の目標を明確にすることができますか？
- [ ] いつまでに何をどのように実施すれば良いか自分で計画が立てられますか？
- [ ] 計画に対して，優先順位を決めて，効果的で効率的に実施することができますか？
- [ ] 長期・中期・短期それぞれの期間での目標などを定めることができますか？
- [ ] 他者との関わりの中で，円滑にコミュニケーションをとることができますか？
- [ ] 他者と一緒に同じ目標に向かって円滑に推進することができますか？
- [ ] 報告・連絡・相談が，状況に応じた適切なツールを用いて実施できますか？
- [ ] アイデアを具体的な企画書・報告書などに変換して伝えることができますか？
- [ ] 論理的に考えることができますか？
- [ ] 成長機会を自ら掴み取ることができますか？

＜ネットワーク力＞

- [ ] ネットワークを増やすためのコミュニケーションが取れていますか？
- [ ] いろいろなコミュニティに所属しつながりを拡大できていますか？
- [ ] ネットワークをチーム力の向上につなげることができますか？
- [ ] 社内外の人と一緒に創造する場を作ることができますか？

```
☐ 参加者の目的に合致した共創の場を作ることができますか？
☐ ネットワークの拡大に向けた有益な方法を理解していますか？
☐ 仮説思考で考えることができますか？
☐ 情報を収集し，整理することができますか？
☐ 相手のニーズに合わせた提案をすることができますか？
☐ 社会課題解決に向けて逆算して思考することができますか？
```

＜フレームワークの活用＞

```
☐ フレームワークの項目を埋めることに注力していませんか？
☐ なぜ，その項目が必要なのか，しっかりと内容を検討することができ
   ますか？
☐ 「経営者の思い」を実現する方向性で検討ができますか？
☐ フレームワークの切り口にこだわりすぎていませんか？
☐ 自分の思い込みや思考の偏りに陥っていませんか？
☐ 他の方の意見に耳を傾けることができますか？
☐ 現状分析の内部環境は，企業がコントロールできる項目となっていま
   すか？
☐ 現状分析の外部環境は，企業がコントロールできない項目となってい
   ますか？
☐ ドメインの設定では，「誰に」「何を」「どのように」の3つの視点で
   具体的に示していますか？
☐ 企業が継続していくために，常に「課題」を抽出することができます
   か？
```

＜定量分析＞

```
☐ 数字から逃げずに検討することができますか？
```

- [ ] 貸借対照表と損益計算書の違いを理解することができますか？
- [ ] 会計情報から経営課題を見つけることができますか？
- [ ] 間接部門の重要性を理解していますか？
- [ ] 会計業務に関する社内ルールが整備されていますか？　理解していますか？
- [ ] 会計用語を理解し会計用語で意思疎通を取ることができますか？
- [ ] 簿記の原理を理解できていますか？
- [ ] 会計情報を企業経営に役立てていますか？　理解していますか？
- [ ] 予算目標をしっかりと立てることができますか？　理解していますか？
- [ ] 損益分岐点の意味を理解し活用できますか？

＜実践とリフレクション（内省）＞

- [ ] 実践力を高めるために，行動することができますか？
- [ ] リフレクションのために，抽象化「異なる特徴を持った事柄の共通化してまとめること」ができますか？
- [ ] リフレクションの4要素，「基礎知識，実践環境，正してくれる第三者，問いを立てる」を揃えることができますか？
- [ ] 目標を立てて，記録し，良かったこと，悪かったことを振り返ることができますか？
- [ ] 雲（事実）・雨（仮説）・傘（対策）での振り返りができますか？
- [ ] 比較・変化・割合の三つの分析を使うことができますか？
- [ ] 振り返りを行い，具体的な改善策を洗い出すことができますか？
- [ ] もう一度やり直すとしたらどうするかを考えることができますか？
- [ ] 自分からチームに良い働きかけができたかを考えることができますか？
- [ ] 出来事から仮説を導き出し改善することができますか？

参考文献

＜第1章＞

経済産業省［2017］「第4次産業革命について「産業構造部会 新産業構造部会」における検討内容」

経済産業省［2018］「DX レポート～IT システム「2025年の崖」克服と DX の本格的な展開～」

経済産業省・中小企業庁［2018］「我が国産業における人材力強化に向けた研究会（人材力研究会）報告書」

経済産業省［2019］「SDGs 経営ガイド」

経済産業省［2020a］「サステナブルな企業価値創造に向けた対話の実質化検討会 中間取りまとめ概要」

経済産業省［2020b］「持続的な企業価値の向上と人的資本に関する研究会 報告書」

経済産業省［2022］「健康経営の推進について」

野村総合研究所［2015］「日本の労働人口の49％が人工知能やロボット等で代替可能に」

＜第2章＞

岩瀬大輔［2011］『入社1年目の教科書』ダイヤモンド社

グロービス経営大学院［2012］『改訂3版 グロービス MBA クリティカル・シンキング』ダイヤモンド社

吉山勇樹［2008］『残業ゼロ！ 仕事が3倍速くなるダンドリ仕事術』明日香出版社

＜第3章＞

伊藤羊一［2018］『1分で話せ』SB クリエイティブ

佐々木裕子［2022］『実践型クリティカルシンキング』ディスカヴァー・トゥエンティワン

齋藤太郎［2022］『非クリエイターのためのクリエイティブ課題解決術』東洋経済新報社

高橋千枝子，姜京守，三嶋浩子，矢野昌彦［2022］『20代の武器になる 生き抜く！ マーケティング』中央経済社

田瀬和夫，SDG パートナーズ［2022］『SDGs 思考 社会共創編』株式会社インプレス

田所雅之［2021］『超入門ストーリーでわかる「起業の科学」』朝日新聞出版

マシュー・サイド［2021］『多様性の科学』ディスカヴァー・トゥエンティワン

山中英嗣［2015］『ドラッカー教授『現代の経営』入門』総合法令出版

＜第4章＞

大滝精一，金井一頼，山田英夫，岩田智［2006］『経営戦略 論理性・創造性・社会性の追求新版』有斐閣アルマ

株式会社グロービス［1996］『MBA マネジメント・ブック』ダイヤモンド社

経営戦略研究会［2008］『経営戦略の基本』日本実業出版社

原田行男，原優治［2006］『現代経営学の基礎』シーエーピー出版

福沢康弘［2021］『テキスト経営戦略論』中央経済社

牧田幸裕［2020］『名古屋商科大学ビジネススクール ケースメソッド MBA 実況中継 01 経営戦略とマーケティング』ディスカヴァー・トゥエンティワン

和田充夫，三浦俊彦，恩蔵直人［2000］『マーケティング戦略 新版』有斐閣

＜第5章＞

矢野昌彦，今永典秀，世古雄紀，新保友恵，宮坂まみ，冨田裕平，三宅章介［2021］『経営専門職入門』日科技連出版社

＜第6章＞

有限会社大橋量器 HP https://www.masukoubou.jp/，2022年9月30日参照

HR プロ HP https://www.hrpro.co.jp/glossary_detail.php?id=177，2022年9月30日参照

Lombardo, mm & Eichinger, R. W.［2010］『The Career Architect Development Planner, 5th edition』Lominger International

安宅和人［2010］『イシューからはじめよ』英治出版株式会社

＜第7章＞

石山恒貴［2022］『越境学習入門』日本能率協会マネジメントセンター

今永典秀［2021］「地域創生へのインターンシップ―コーディネーターの重要性」日本労働研究雑誌 2021年8月号，pp.73-84

今永典秀［2020］「社外のプロボノを活用した地域の中小企業の価値創造プロジェクト―NPO 法人G-net によるふるさと兼業の事例より―」地域活性学会 13，pp.41-50

今永典秀，棚瀬規子，南田修司［2022］「地域中小企業の魅力発見に向けた体験学習プログラムの効果―NPO 法人 G-net による「オンラインシゴトリップ」の事例より―」日本インターンシップ学会 研究年報 No.25，pp.1-8

今永典秀，鳥本真生［2022］「中小企業の長期実践型インターンシップにおけるコーディネーターの存在価値―地域中小企業・コーディネーター・学生の3者の視点からの調査分析―」日本 NPO 学会 ノンプロフィット・レビュー21，pp.57-70

今永典秀，松林康博，益川浩一［2019］「産学金連携による地域創生の取り組みと地域デザインについて」地域デザイン学会誌13，pp.193-213

入山章栄［2019］『世界標準の経営理論』ダイヤモンド社

内田彬浩，林高樹［2018］「クラウドファンディングによる資金調達の成功要因」『赤門マネジメント・レビュー』17(6)，pp.209-222

株式会社オカムラ Cue HP https://cue.workmill.jp/aichi_dream_2020，2022年9月30日参照

熊沢拓，鑓田雅［2013］「クラウドファンディングが予感させるマーケティングパラダイムの転換―コミュニティを基盤としたガバナンスメカニズムの分析―」『マーケティングカンファレンス2013』2，pp.122-133

独立行政法人情報処理推進機構［2021］「DX 白書2021」

NPO 法人 G-net HP https://gifist.net/，2022年9月30日参照

中小企業庁［2017］「2017年度版『中小企業白書』」

中小企業庁［2018］「中小企業・小規模事業者における 中核人材確保 ガイドブック」

中小企業庁［2022］「2022年版中小企業白書・小規模企業白書」

中日本高速道路［2022］プレスリリース「地域連携の新たな仕組み，地域のパートナーと協働した人財育成～クラウドファンディングを活用したプロジェクト第5弾～」

野村尚克，今永典秀［2021］「企業のためのインターンシップ実施マニュアル」日本能率協会マネジメントセンター

松尾順介［2014］「クラウドファンディングと地域再生」『証券経済研究』88，pp.17-39
文部科学省［2022］「令和5年度 概算要求のポイント」
リクルート［2022］「兼業・副業に関する動向調査2021」

<編者紹介>

名古屋産業大学　現代ビジネス学部　経営専門職学科

　名古屋産業大学は,「職業教育を通じて社会で活躍する人材を育成する」ことを建学の精神として掲げている。ルーツは, 創業者が女子教育の発展に寄与するためにタイプライターの専門学校を開設したことが始まりである。その後, 専門学校や高等学校, 短期大学, 大学, 大学院が設立され,「職業教育」を中心に, 社会の要請・時代の流れの中で進化を遂げてきた。そして, 2021年4月に, 専門職大学の制度の設立も活用し, 日本で唯一の大学の学部として「経営専門職学科」を開設した。

　経営専門職学科の特徴は,「デジタルデータの活用」と「事業の実践」の2本立てで, 経営に関連し, ビジネス・経営の世界での専門性を身につけ, 価値創造ができる人材を輩出することにある。デジタルデータとして, 統計処理や情報データの活用は最低限必要不可欠である。さらに, 社会の変化に対応し, 事業創造や事業変革の担い手となるためには, 事業開発, 事業計画, マーケティング・経営戦略・ファイナンスなどの領域を理解し, 実践して使いこなし, 様々な人たちと対話を行い「共創」することが求められる。上記を通じた「共創」によって, 企業の付加価値（事業創造や組織変革）, 中小企業の経営革新, 社会課題解決の担い手として活躍する人材の輩出を目指している。

　カリキュラムの特徴は, 著者らの実務家教員が, 座学の講義に加えて「実習」に深く関与する点に特徴がある。理論で学んだことを, 学内での「実習」を通じて, 理解した内容を使いこなすように変換し, さらにインターンシップを通じて, 実際に学外の企業で実践することで, わかったつもりではなく, 社会に出てから求められるものを理解し, 実践経験を通して技能・技術を高めることができる。また, これまでの日本の大学のインターンシップや, 企業が実施するインターンシップは, 学んだ内容と実施プログラムの連携に課題があったが, 実務家教員でもありインターンシップの研究者が全体プログラムを統括し, 受け入れ企業ともコミュニケーションを重ねてプログラムを構築することで, 学んだことが生かせる内容を構築する点に特徴がある。

＜著者紹介 (担当章順)＞

今永　典秀 (いまなが　のりひで) (第 1 章, 第 2 章, 第 7 章, 終章)

名古屋産業大学　現代ビジネス学部　経営専門職学科　准教授　地域連携センター長, 博
士 (工学)。日本インターンシップ学会理事, 株式会社 UNERI 外部アドバイザーなど
名古屋大学経済学部卒業, グロービス経営大学院大学 (経営学修士)。大手信託銀行, ト
ヨタグループでの民間勤務経験, 並行して市民活動経験, 岐阜大学　地域協学センター
を経て, 現職。
専門分野：経営学, キャリア教育 (インターンシップ), 地域イノベーション。
【主な著書・論文】
『企業のためのインターンシップ実施マニュアル』(共著, 日本能率協会マネジメントセ
ンター, 2021年), 「中小企業の長期実践型インターンシップにおけるコーディネーターの
存在価値」(共著, ノンプロフィット・レビュー 21, 2022年), 「地域創生へのインターン
シップ」(日本労働研究雑誌2021年 8 月号)

矢野　昌彦 (やの　まさひこ) (第 3 章)

名古屋産業大学　現代ビジネス学部　経営専門職学科教授, 博士 (工学)。
大阪大学工学研究科博士後期課程終了, 民間企業, 銀行系シンクタンクを経て現職。経営
専門職学科学科長。
専門分野：ESG (環境・社会・ガバナンス) マネジメント領域, イノベーション・新規事
業領域。
【主な著書】
『20代の武器になる 生き抜く！マーケティング』(共著, 中央経済社, 2022年), 『経営専
門職入門』(共著, 日科技連出版社, 2021年), 『よくわかる オープンイノベーション ア
クセラレータ入門』(共著, 日科技連出版社, 2018年)

辻　紳一 (つじ　しんいち) (第 4 章)

名古屋産業大学 現代ビジネス学部 経営専門職学科 准教授　博士 (創造都市), 修士 (経
営学), 一般社団法人大阪府中小企業診断協会会員, 日本経営診断学会会員。
2010年中小企業診断士の資格取得を機に独立。前職の IT プロジェクトマネージャーで培っ
た対話力を活かし, まちづくりや商店街活性化などの地域の活性化支援に携わる。主
に小売業や事業協同組合等の事業ビジョンや事業計画の策定支援, 個人事業主への経
営指導などを経て, 現職。
専門分野：経営学 (経営戦略, 経営計画), 商学, 地域研究 (道の駅, 商店街)。
【主な著書】
『道の駅の経営学』(単著, 大阪公立大学出版会, 2022年)

冨田　裕平（とみた　ゆうへい）（第5章）

名古屋産業大学 現代ビジネス学部 経営専門職学科 准教授，日本税理士会連合会・名古屋税理士会会員。

中京大学大学院経済学研究科博士前期課程修了（修士　経済学）。大手税理士法人を退職後，税理士法人の設立に参画。税理士業務に18年間従事。

専門分野：会計学，税法

【主な著書】

『図解 決算書』（共著，アタックスグループ編著，あさ出版，2009年），『経営専門職入門』（共著，日科技連出版社，2021年）

松林　康博（まつばやし　やすひろ）（第6章）

名古屋産業大学 現代ビジネス学部 経営専門職学科 准教授

岐阜大学大学院農学研究科（修士農学）。食品通販のベンチャー企業の人事などを経て，2013年にキャリア教育を中心とするNPO法人コラボキャンパス三河を創設。岐阜大学 地域協学センター，名古屋経済大学を経て現職

専門分野：経営学（マーケティング・人的資源管理），キャリア教育（インターンシップ）

【主な著書】

「ソーシャルイノベーション創発を促す協働のあり方に関する考察」（共著，日本都市学会年報，2017年），「教育プログラム『地域資源の活用と観光デザイン』における産官学連携の活用」（共著，日本都市学会年報，2019年）

共創の強化書　学び成長し続ける自分のつくり方

2023年3月30日　第1版第1刷発行

編　著　者	名古屋産業大学現代ビジネス学部 経　営　専　門　職　学　科
発行者	山　　本　　　　継
発行所	㈱中　央　経　済　社
発売元	㈱中央経済グループ パ ブ リ ッ シ ン グ

〒101-0051　東京都千代田区神田神保町1-31-2
電話　03（3293）3371（編集代表）
　　　03（3293）3381（営業代表）
https://www.chuokeizai.co.jp
印刷／東光整版印刷㈱
製本／㈲井上製本所

© 2023
Printed in Japan

＊頁の「欠落」や「順序違い」などがありましたらお取り替えいた
しますので発売元までご送付ください。（送料小社負担）

ISBN978-4-502-45721-0　C3034